TEOLOGIA PARA QUÊ?

CONSELHO EDITORIAL:

Carlos Alberto Chaves Fernandes
Edson Fernando de Almeida
Isidoro Mazzarolo
Jonas Rezende
Luiz Longuini Neto
Magali do Nascimento Cunha
Mozart Noronha

TEOLOGIA PARA QUÊ?

Edson Fernando de Almeida
Luiz Longuini Neto
organizadores

Carlos Alberto Chaves Fernandes
Cláudio Carvalhaes
Edson Fernando de Almeida
Elsa Tamez
Faustino Teixeira
Isidoro Mazzarolo
J. B. Libanio
Jonas Rezende
José Carlos Barcellos
Ricardo Quadros Gouvêa

INSTITUTO Mysterium   *Mauad* X

Copyright © by Edson Fernando de Almeida e Luiz Longuini Neto (orgs.), 2007

Direitos desta edição reservados à
MAUAD Editora Ltda.
Rua Joaquim Silva, 98, 5º andar
Lapa — Rio de Janeiro, RJ — CEP: 20241-110
Tel.: (21) 3479.7422 — Fax: (21) 3479.7400
www.mauad.com.br

em co-edição com o
Instituto MYSTERIUM
Rua Pereira de Almeida, 7/1201
Praça da Bandeira – Rio de Janeiro, RJ – CEP: 20260-100
Tel.: (21) 2502-4821

Projeto Gráfico:
Núcleo de Arte/Mauad Editora

CIP-BRASIL. CATALOGAÇÃO-NA-FONTE
SINDICATO NACIONAL DOS EDITORES DE LIVROS, RJ.

T29

v.1

　　Teologia para quê? / Edson Fernando de Almeida e Luiz Longuini, organizadores. - Rio de Janeiro : Mauad X : Instituto Mysterium, 2007.

-(Teologia para quê?. Temas teológicos contemporâneos ; v.1)

Inclui bibliografia

ISBN 978-85-7478-234-8

　　1. Teologia. I. Fernando, Edson. II. Longuini Neto, Luiz, 1957-. III. Instituto Mysterium. IV. Série.

07-3299.　　　　　　　　　　　　　　　　　CDD: 230

　　　　　　　　　　　　　　　　　　　　　CDU: 23

SUMÁRIO

APRESENTAÇÃO 7
Edson Fernando de Almeida e Luiz Longuini Neto

UM ROSTO REFLETIDO NO ESPELHO 9
...teologia para quê?
Carlos Alberto Chaves Fernandes

A BÍBLIA E AS CIÊNCIAS ATUAIS: *CRISE OU ENTENDIMENTO?* 15
Isidoro Mazzarolo

A TEOLOGIA DA LIBERTAÇÃO 33
J. B. Libanio

DIÁLOGOS RUMO A UMA TEOLOGIA PASTORAL CONSEQÜENTE 53
Jonas Rezende e Edson Fernando de Almeida

TEOLOGIA E DIÁLOGO INTER-RELIGIOSO 73
Faustino Teixeira

TEOLOGIA E FILOSOFIA 87
Ricardo Quadros Gouvêa

LITERATURA E TEOLOGIA 113
José Carlos Barcellos

TEOLOGIA E ESTÉTICA 129
Cláudio Carvalhaes

TEOLOGIA E FESTA 141
Elsa Tamez

NOTAS 150

SOBRE OS AUTORES 156

APRESENTAÇÃO

Teologia é um jeito de falar sobre o corpo, o corpo dos sacrificados. São os corpos que pronunciam o nome sagrado: Deus... A teologia é um poema do corpo, o corpo orando, o corpo dizendo as suas esperanças, falando sobre o seu medo de morrer, sua ânsia de imortalidade, apontando para utopias, espadas transformadas em arados, lanças fundidas em podadeiras... Por meio desta fala os corpos se dão as mãos, se fundem num abraço de amor, e se sustentam para resistir e caminhar.

Rubem Alves

Todo (a) teólogo (a) aprende desde cedo, nos bancos dos seminários, a seguinte equação: quando digo eu creio, faço uma confissão de fé; se pergunto por que creio?, faço teologia.

A presente coleção não quer apenas perguntar "por que creio?" Ela é mais ousada. Pergunta pela forma, maneira, pelo como, se é possível, se é relevante fazer teologia, afinal: PARA QUE TEOLOGIA?

A resposta? Não sabemos se existe. Não está pronta, acabada. Trilhamos não um, mas vários caminhos. Encontramos uma maneira de propor a reflexão. Escrever, falar, pensar, viver, os vários temas contemporâneos deste vasto campo do saber que é o teológico.

Assim procedemos porque entendemos que o lócus teológico, composto de vários ambientes – fé, religiosidade, espiritualidade –, deveria encontrar ressonância no seu ambiente próprio, os seminários ou escolas teológicas, e então ali sofrer todo tipo de questionamento. A palavra seminário tem origem na palavra sêmen, que significa semente, e o seminário deveria ser um sementeiro, ou seja, um lugar aonde as sementes florescem, frutificam. Os seminários, em alguns casos, foram transformados em cemitérios, túmulos do saber, lugar da morte e não lugar da vida da reflexão teológica.

O caminho que nós propomos, para iniciar a jornada, consta de três etapas. A primeira pergunta pela natureza da teologia, inicia com um questionamento sobre a sua relevância, faz relação com a Bíblia, o texto fundante da teologia cristã, reflete sobre os diferentes métodos, desde a proposta de libertação até a prática pastoral.

A segunda pergunta se a teologia tem uma função no diálogo entre as religiões. Teria ela um papel mediador? A teologia nos ajuda ou nos atrapalha nesse processo?

A terceira destaca a relação da teologia com suas parceiras: irmãs, primas, amigas. Ela passeia pelos campos da filosofia, debate com a literatura, faz parada nos jardins floridos da estética e descansa celebrando uma grande festa de amor.

Boa e bela leitura!

Edson Fernando de Almeida
Luiz Longuini Neto
Organizadores

UM ROSTO REFLETIDO NO ESPELHO
...teologia para quê?

Carlos Alberto Chaves Fernandes

Que o espelho reflita em meu rosto
Um doce sorriso que me lembro ter dado na infância
Pois metade de mim é lembrança do que fui
A outra metade não sei.

Oswaldo Montenegro

A tarefa do teólogo é refletir sobre a fé. Ora, quem faz um *re-flexo* lança uma luz de volta àquele que deseja contemplar a imagem em seu todo, buscando compreendê-la. Teologia é justo isso: a fé que se explica, a fé que busca as suas razões, a fé que faz sentido, não somente aos sentimentos, mas, principalmente, à razão. Teologia nada mais é do que a fé razoável, a fé que mata a própria curiosidade, tal qual Moisés que, vendo algo incrível (a sarça que ardia e não se consumia), questiona-se curioso e diz: *Deixe-me ver esta maravilha mais de perto*. A Teologia é a fé curiosa em busca de autocompreensão e na procura de si mesma, mas de um modo que faça sentido à razão.

A Teologia *re-flete*, no sentido de enviar luz, a luz da razão, da inteligência, da lógica e suas regras fundamentais. Por isso a Teologia acaba criando um *sistema*, pelo qual ela busca compreender aquilo que experimenta. Teologia, assim entendida, nada mais é do que um fundamentado desejo da verdade. É como se a fé fosse seduzida pela razão, mas também atraísse para si a razão, para estar *apta a responder a todo aquele que vos pedir a razão da esperança que há em vós*, conforme recomenda o escritor sacro (**I Pedro 3.15**). A Teologia deixa clara a esperança e explica o amor. Teologia é a *fé* na busca do sentido da *esperança* e das razões do *amor* (**I Coríntios 13.13**). Tudo indica que o amor é mesmo deste modo. Leva-nos a contemplar, meditar, pensar, inquirir. Não sem motivo, em suas *Confissões*, Agostinho de Hipona, um dos Pais da Igreja, questiona-se sobre o amor que sente pelo Amor (Deus), ao perguntar: *O que eu amo quando Te amo?*, chegando a concluir sobre si mesmo, antes do encontro com a fé, que: *Eu ainda não amava, mas eu amava amar: eu buscava o que eu pudesse amar no meu amor pelo Amor.*

Teologia é a fé convidando-se a sair de si mesma, a pensar sobre si, a meditar sobre suas razões e sentidos. Assim acontece com o amor, que é um convite, nascido em nós mesmos, convidando-nos a sair de nós na direção de um outro. Destarte, a razão e o amor se encontram lá onde a fé busca entender-se, lá onde se faz Teologia, podendo concluir, tantas e tantas vezes, com Blaise Pascal, que *o coração tem razões que a própria razão desconhece.* Para Calvino, Doutor e grande Reformador da Igreja,

> *a soma de todo o nosso conhecimento, daquele conhecimento verdadeiro e sólido, consta de duas partes: o conhecimento de Deus e o conhecimento de nós mesmos. Como estes conhecimentos se entrelaçam com muitos elos, não é fácil discernir qual conhecimento vem primeiro.*

Conclui, então, dizendo que *o conhecimento de Deus leva ao conhecimento do homem* e, de igual modo, *o conhecimento do homem leva ao conhecimento de Deus* (**in *Institutas*, I, 1.1**).

Se me fosse permitido interpretar o que, com tão grande maestria e singular verdade, disse Calvino, concluiríamos, sem erro, que Teologia é antropologia. Teologia é esta busca de nós mesmos. Talvez por isso tenha afirmado Ludwig Feuerbach que *a religião é a solene revelação dos tesouros ocultos do homem, a confissão aberta dos segredos íntimos* (**in *A Essência do Cristianismo*, p. 15**). Falar sobre Deus é falar sobre o ser humano, do mesmo modo que falar sobre o ser humano é descobrir a Deus. Teologia é antropologia e, por isso, uma biografia. Teologia é sair de si para ver-se; é migrar de si e imigrar para si mesmo; é buscar entender quem é Deus, para conseguir entender quem somos. Isso torna-se claro e evidente pelo fato de jamais podermos, com os limites de nossa razão, abarcar Deus em sua totalidade, pois Ele sempre há de transcender tudo, quiçá, os limites parcos de nossa razão. Deus não pode ser apreendido, nem visto, motivo pelo qual jamais teremos uma *imagem* de Deus perfeita. Assim, ao procurar a *imagem de Deus*, encontramos nossa própria *imagem e semelhança* refletida, tal qual num espelho. Por isso o Apóstolo Tiago comparou a Palavra de Deus a um *espelho* no qual contemplamos o nosso rosto natural (**Tiago 1.24-24**). Ao procurar compreender em Quem cremos, acabamos por compreender quem crê.

Todo ser humano aspira naturalmente ao conhecimento, diz o mestre de todos os sistemas da razão, Aristóteles (**in *Metafísica*, I, A, 1:980**). Se, por mesmo moto, não esquecermos o que disse Sócrates, o Pai da Filosofia, <u>antes deste</u>, quando afirmou como fundamento do pensar aquilo que viu no Oráculo de Delphos, *Conhece-te a ti mesmo*, entenderemos por que a Teologia parte do lúdico da fé para o lúcido da fé, da revelação da fé para a razão da fé, do sentimento da fé para o sentido da fé. Mas não faz isso para destruir a fé, como muitos teimam em afirmar de modo equivocado ou maldoso, mas para tornar a fé ainda mais lúdica e mística, experiencial e profunda. Só que não mais tangida pelo descalabro e a irracionalidade, mas pelo sentido humano e divino que a fé tem e deve ter. A Teologia ilumina a fé, reflete sobre ela, traz luz para que a fé se aprofunde mais, cresça mais, tenha mais sentido e, por isso, mais sentimento, mais amor, mais razão de ser.

A Teologia, por isso, ainda que busque métodos razoáveis, ela é o refletir sobre o ser, sobre a alma, sobre a essência. Ela busca o caroço dentro das pedras, a luz dentro das pilhas, a razão das coisas, a sua força bruta, a sua beleza intocável. Dizem os entendidos na alma humana que há no ser humano uma espécie de "mais-valia". Nada parece preencher o sentido da vida do indivíduo. Ele procura, busca, mas parece jamais saciar esta sede interior. Como dizia o poeta: *Preso a canções, entregue a paixões, que nunca tiveram fim.* Mal sabe o ser humano que esta busca, no intento de preencher este vazio, jamais se esgota, pois o vazio do homem tem o "tamanho" de Deus, razão porque esta inquietude nada mais é do que fome e sede de Deus.

Entretanto, ao buscar Deus o homem jamais O achará. Ninguém jamais viu a Deus e jamais verá. Não somos nós que O buscamos, mas Ele que nos encontra. Não somos nós que nos dirigimos a Ele, mas Ele que vem ao nosso encontro. Não somos nós que despertamos para Deus, mas Ele que, chegando, nos desperta para Ele. Qualquer busca humana de Deus redundará em fracasso e criará algo tão antigo como a humanidade: uma religião. A religião, feita de gestos, ritos e dogmas, nada mais é do que esta tentativa frustrada de se encontrar com o Deus Vivo.

A religião é a domesticação do sagrado. À volta de um ídolo gira a religião. Uma imagem feita pelo limite equivocado da razão humana, incapaz de construir um caminho seguro para o encontro com Deus. Por isso mesmo, Jesus é o caminho contrário e avesso da religião: é Deus vindo ao nosso encontro, com Seu rosto humano, Seus gestos amoráveis, Sua graça infinita, para nos encontrar em nosso lugar e nos ligar para sempre com Ele. Jesus é a graça de Deus, é Deus sorrindo, é Deus Humano. Nosso Deus. Ele é que nos encontra. Ele nos procura e nos encontra no nosso lugar, nos surpreende com Seu olhar, com Sua mão estendida, com Sua amorosa graça a nos erguer e aceitar. Ainda Ele nada fuja de Sua vista, Ele nos busca. Ainda que nada Ele possa perder, Ele nos acha. Qual o Pastor na busca da ovelha perdida, ou da mulher na procura de sua dracma, Ele nos procura, nos acha, nos vê e corre para nos segurar.

Teologia é, pois, este refletir sobre si e o mundo, sabendo que contemplamos o rosto humano na busca do encontro com o divino. Encontramos o rosto humano e amigo de Jesus Cristo. Por isso, sempre, a Teologia esteve a serviço da Igreja. Existe mesmo uma definição clássica de Teologia que dizia: "Serva da Igreja". Assim, desde sempre, quem manteve o estudo da Teologia foi a Igreja, nas suas diferentes instituições de ensino, seminários, faculdades de Teologia, escolas dominicais, cursílios, pastorais, institutos e todas as instituições de ensino pela Igreja mantidas.

Entretanto, nota-se, existe uma tendência, em muitas destas instituições, em substituir disciplinas de Teologia por outras, estranhas ao que tradicionalmente se usou até então. Existe mesmo, com o reconhecimento pelo Estado dos Cursos de Teologia, em nível de terceiro grau, uma questão difícil de se resolver: a confessionalidade. Até então Teologia é uma questão de confissão. Cada igreja mantém seus cursos, segundo o interesse teológico que a determina como parte de uma confissão de fé. Mas ao tornar o estudo algo de acesso a todos, não se encontrou, ainda, um currículo teológico que seja abrangente, por exemplo, não deixe de fazer exegese do texto grego do Novo Testamento, e não do texto sânscrito dos Rig Vedas.

De um lado determinadas igrejas substituem matérias e créditos teológicos por matérias como Microcomputador, Acampamento, dentre outras. De outro lado, os cursos reconhecidos pelo Estado sofrem a dificuldade em definir corretamente o que estudar no "novo" curso de "Teologia". Assim, a Teologia, hoje, transformou-se em um conhecimento que não pode prestar serviço a ninguém. Muitas igrejas revelam desprezo pela mesma, e o Estado não sabe o que fazer com ela. Ora, como todo conhecimento, está sempre a serviço de um poder e, hoje, os dois poderes que a querem tutelar não a querem ou não a conhecem. Fica a pergunta: para que serve a Teologia? Ora, a resposta é óbvia: não serve para nada. Não está a serviço de ninguém.

Porém, se não está a serviço de nada e nem de ninguém, a Teologia tornou-se, hoje, o único conhecimento verdadeiramente livre: sem ter a quem servir, sem ser serva de ninguém, ela está a serviço do livre pensar. Disso nasce a sua autoridade e relevância, assim como o leigo Jesus de Nazaré. Era leigo em Teologia, nunca estudou aos pés de um rabino, nunca foi reconhecido como tal, mas, quando "teologava", as pessoas diziam, admiradas: "Ele fala como quem tem autoridade, e não como os teólogos (os escribas)". Os "teólogos" do seu tempo estavam a serviço de um poder: o Sinédrio. Jesus de Nazaré não tinha compromissos com qualquer poder: falava livremente..., ou seja: Teologia de verdade é aquela que está a serviço da liberdade.

Assim, mais do que nunca, precisa-se de Teologia. Precisa-se de Teologia porque precisa-se de liberdade. Desprezada pela Igreja e desconhecida do Estado que, hoje, a deseja tutelar, a Teologia encontrou hoje o mesmo espaço que Jesus ousou usar para "teologar". Nenhum outro conhecimento, hoje, goza deste *status* de liberdade, pois sempre está a serviço de um poder que o mantém, regula, governa, paga e, por isso, exige, determina, proíbe, coíbe, castra. Mas a Teologia é um conhecimento fértil, livre, com compromisso exclusivo com uma liberdade que não buscou, mas que, como o vento que sopra, a encontrou entre o desprezo e o desconhecimento.

Precisa-se de Teologia porque só a liberdade tem capacidade de amar, assim como somente o amor é capaz de deixar livre. A Teologia, pois, reflete a quem, diante dela, como diante de um espelho, pergunta: "Espelho, espelho meu..." Alguém que, surpreso, ao perguntar, há de encontrar o rosto humano e bendito de Jesus de Nazaré, pleno de liberdade, repleto de amor, nos devolvendo a imagem que perdemos e que deve refletir o rosto humano de Deus.

Precisa-se de Teologia porque só a liberdade pode falar sobre a graça. A graça estava lá, segundo as Escrituras, na Criação: tudo Deus criou por graça. A graça estava na vocação de Abraão, chamado por graça, para constituir um povo que, como objeto do amor de Deus, haveria de ser abençoador de todas as famílias da Terra. Por isso, a graça está na Libertação dos escravos do Egito, tirados da terra da servidão para a terra da liberdade. Estava na palavra dos santos profetas, chamando todos à graça que pode ser encontrada quando não nos afastamos do espaço da liberdade. Estava, em Jesus de Nazaré, a própria graça de Deus. Estava na pregação dos santos apóstolos. Estava na pregação dos reformadores. Estava nas posturas do Vaticano II. Está no modo de teologar da América Latina, com sua Teologia que busca Libertação.

Mataram os profetas. Mataram Jesus. Mataram os apóstolos. Mataram muitos protestantes no séc. XVI. Querem matar a Teologia da Libertação..., quem fez e faz isso? Ora, o poder! O poder sempre se manifesta quando a Teologia fala sobre a graça. Esta é uma mensagem que faz o poder tremer. Mas por que será que isso acontece? Porque a graça é a desgraça do poder! A liberdade que ela produz, o valor que ela advoga, é a contradição de todo e qualquer poder. O poder não suporta a liberdade da Teologia, nem a graça que ela anuncia, pois ela torna todos iguais, combate a discriminação, a exclusão, a dominação, os poderes daqui e de lá.

Precisa-se de Teologia, pois precisa-se, mais do que nunca, de esperança, liberdade, amor e graça, um rosto que desejamos ver refletido no espelho, uma imagem que esquecemos, mas que mora lá dentro e que diz, como o Rev. Dr. Martin Luther King Jr.:

Hoje, na noite do mundo e na esperança da Boa Nova, eu afirmo, com audácia, minha fé no futuro da humanidade.

Eu recuso a crença de que, nas circunstâncias atuais, os seres humanos estão incapacitados para fazer uma Terra melhor.

Eu recuso a crença de que o ser humano seja um facho de palha transportado pela corrente da vida, sem ter a possibilidade de influir minimamente no curso dos acontecimentos.

Eu recuso a opinião dos que pretendem que o ser humano fique a tal ponto prisioneiro da noite sem estrelas, da guerra e do racismo, que a aurora luminosa da paz e da fraternidade não possa nunca chegar a ser uma realidade.

Eu recuso a pregação segundo a qual os povos cairão, um após o outro, no torvelinho do militarismo, até o inferno da destruição termonuclear.

Eu creio que a verdade e o amor incondicional terão efetivamente a última palavra. A vida, ainda que provisoriamente derrotada, é sempre mais forte que a morte.

Eu creio firmemente que, embora em meio às bombas que explodem e aos canhões que estrondam, permanece a esperança de um amanhã luminoso.

Ouso crer que, um dia, todos os habitantes da Terra poderão receber três refeições por dia para a vida de seu corpo, a educação e a cultura para a saúde de seu espírito, a igualdade e a liberdade para a vida de seus corações.

Eu creio, igualmente, que um dia toda a humanidade reconhecerá em Deus a fonte de seu amor.

Creio que a bondade salvadora e pacífica um dia chegará a ser a lei. O lobo e o cordeiro poderão repousar juntos, todo ser humano poderá sentar-se sob sua figueira, em sua vinha, e ninguém terá motivo para ter medo.

Creio firmemente que triunfaremos.

A BÍBLIA E AS CIÊNCIAS ATUAIS, CRISE OU ENTENDIMENTO?

Isidoro Mazzarolo

Introdução

Nosso propósito, neste artigo, é discutir a situação e o lugar das Escrituras Sagradas diante do surgimento das ciências modernas, como a física quântica, nanotecnologia e outros ramos. Uma certa vez, um ateu afirmou: "Cada descoberta das ciências significa um pedaço do Deus dos cristãos que se vai." Certo é que ele já foi, mas o Deus dos cristãos continua o mesmo.

Nos últimos dois séculos, as ciências bíblicas avançaram muito na compreensão do texto sagrado, implementando seus trabalhos com a crítica literária, a crítica das formas, a crítica histórica e a crítica textual; mesmo assim, não faltaram pesquisadores que tentaram colocar em xeque o valor da Bíblia, como um texto válido para todos dentro de um mundo cheio de tecnologias, todos escravos do computador, da mecanização e instrumentalização da vida, de manipulação das células, da genética e da física quântica.

A Bíblia, no seu caráter sapiencial, é um livro meta-físico, meta-histórico e meta-temporal. Empregamos, aqui, a preposição grega *"meta"* com o sentido de *"depois de"* ou *"para além de"*. A Bíblia pode ser criticada como texto, como estrutura, como composição literária, mas o seu caráter transcende esses elementos todos. Mal comparando, podemos dizer que as ciências adotam critérios exatos de medidas, pesos e forças, mas a Bíblia não pode ser medida quantitativamente, por exemplo: *a força é medida em "hp" (cavalos), a velocidade em segundos, a corrente elétrica em volts, mas a Sabedoria não pode ser medida.*

A Bíblia, hoje, mais do que em algumas décadas passadas, dialoga com as ciências, e as ciências exatas reconhecem com maior convicção o seu limite. Um engenheiro de telecomunicações me dizia um certo dia: "A gente consegue fazer tanta coisa, não só próximo, mas também a distância, por telecomandos, que muitas vezes se sente um ar de divindade, quase um deus". Eu concordei com ele sobre os prodígios das ciências, mas depois retruquei: a gente se sente quase-deus até que não sobrevém uma pequena diarréia, pois, ali, larga-se o computador, o controle remoto e passa-se ao "trono" comum dos mortais. Ele riu e concordou comigo.

A Bíblia e a história

A Bíblia é, não obstante todos os estudos científicos, arqueológicos e literários, ainda hoje, considerada, por muitos incautos, como um livro histórico. Com esse olhar errôneo, muitos fazem duras críticas por descobrirem que Adão e Eva não foram o primeiro casal, que a cronologia e o horário exato dos seis dias da Criação podem não ser totalmente verdade ou que Matusalém morreu mais jovem do que a idade indicada na Bíblia. Há pouco tempo, um professor, com o título de Reverendo, me perguntou se a mulher havia sido criada no sexto dia, juntamente com o homem, ou se havia sido feita depois, visto que o relato de Gn 2,7 diz que Deus fez o homem do pó da terra, no sexto dia, e só depois constatou que homem estava só e necessitava de uma companheira (Gn 2,18). Eu perguntei se ele havia lido alguma coisa sobre o homem antigo (Neanderthal, homo hábilis, etc., e suas épocas)? Ele respondeu que não havia tomado conhecimento de nada disso. Fiz uma rápida comparação entre a possível e provável idade do ser humano e a idade dos textos bíblicos. Ele ficou assustado. Mas, lamentavelmente, isso ocorre também aos cientistas. Quando eles se posicionam de modo hostil contra a Bíblia, buscam refutar teses bíblicas que a própria Bíblia não afirma, apoiados nas novidades da química, da física quântica ou da nonotecnologia. Outras vezes, alguns cientistas fazem o inverso: afirmam teses pautados nas últimas descobertas sobre o ser, sua identidade, sua singularidade e finalidade que, com outras palavras ou de outro modo, a Bíblia já afirmava há muitos séculos. Trata-se de fazer as devidas ponderações e é isso que tentaremos apresentar, de modo muito suscinto.

A Bíblia não está afirmando que Deus fez a Criação em seis dias, como fato histórico, está apenas referenciando um conceito de tempo metafórico, da época dos seus textos, da sua redação e que não tem outro sentido senão justificar a *lei do descanso, do repouso, da vida*, como protesto contra a escravidão que fazia do ser humano uma máquina animal de produção. Aliás, hoje em dia, a sede de lucros está voltando a esse tempo, pois, por causa da falta de renda nos seis dias da semana, muitos empregados trabalham ("emendam") também no sétimo, a fim de tentar garantir o seu sustento, vendendo o direito ao descanso, à convivência familiar, social e espiritual. Quando os autores de Gn 2,2-3, por volta do IV século a.c., escrevem que Deus cessou sua obra no sexto dia e que no sétimo descansou, não estavam afirmando como fato cronológico o tempo da Criação, mas como um argumento catequético-político sustentando a necessidade do descanso e se rebelando contra a exploração do ser humano através do trabalho escravo durante períodos intermináveis de servidão. O *shabat* tinha como sentido primordial interromper, suspender a atividade, assim como Deus suspendeu. Assim chegaram à conclusão que, contando de um a sete, o *sétimo dia* seria o da interrupção da atividade produtiva para dar lugar à celebração e à vida.

Outro fato que cativa a atenção, mas está no absoluto ignoto dos cientistas e de muitos estudiosos, é a pintura da Ceia de Jesus por Leonardo Da Vinci. Esta pintura está numa infinidade de casas, igrejas, oratórios e refeitórios e, via de regra, seus contempladores não sabem distinguir entre a Ceia de Jesus com seus discípulos e convidados e a pintura, atribuindo a essa obra de arte do século XVI o valor histórico de uma fotografia, ou seja, como se, no momento da Ceia de Jesus, alguém tivesse feito essa fotografia. Ora, Da Vinci era, além de um cientista e um pintor, um astrólogo e retratou a ceia de Jesus com as coordenadas do zodíaco, as cores das vestimentas, os lugares, os grupos de três, a posição de cada um de acordo com seu olhar esotérico. Assim sendo, o valor dessa pintura é meramente o de uma obra de arte, uma concepção astrológica de uma projeção retroativa de dezesseis séculos.

As cosmogonias bíblicas e as ciências

A Bíblia, nos seus relatos da Criação, "em dose dupla", pois temos dois relatos, um mais antigo (Gn 2,4b-25) e um mais recente, próximo do IV século a.C. (Gn 1,1-2,4a), não está fazendo história, mas procurando dar respostas às perguntas mais antigas do ser humano, perguntas essas que os egípcios, os babilônios, os gregos, os persas, indus e outros povos tentaram dar através das cosmogonias, ou seja, teorias da origem do ser humano, a partir das perguntas: quem somos, de onde viemos e para onde vamos.[1]

Na filosofia ocidental, encontramos os grandes tratados gregos, a partir dos pré-socráticos, com a elaboração das teses da matéria originária da vida, nos seus quatro elementos: água, ar, terra e fogo. No entanto, coube a Heráclito a melhor resposta sobre a vida: ela procede do Lógos, por que o Lógos é razão, é energia, é autonomia e força vital. Ao descrever a realidade preexistente de Jesus Cristo, o evangelista João afirma que Ele era o Lógos e o Lógos estava junto de Deus e era Deus (Jo 1,1).

O *"archê"* e o *"bᵉreshit"* dos textos grego e hebraico, respectivamente, apontam para uma reflexão sobre o começo, mas não uma história do começo. Não importa quantos séculos se tenham passado entre o "começo histórico" e a reflexão teológica. Para os autores bíblicos e sapienciais de outros povos e culturas paralelas da mesma época, o que interessava era não endeusar o ser humano, rejeitar o endeusamento fútil, frívolo e não raro despótico de todos aqueles que se intitulavam divinos, com poderes superiores, com direitos à exploração, ao despotismo e tirania sobre os seus semelhantes.[2]

Os gregos e os sábios antigos entendiam, ao contemplar o universo, que tudo estava tão harmônico, que um ser desarmonizado como o próprio homem não podia fazer uma obra tão perfeita. O próprio lexema grego "kósmos" significa belo, harmônico, funcionalmente perfeito. Dentro dessa visão sapiencial, quase todas as cosmogonias antigas se referem ao cosmos como uma criação de um ser Superior, uma deidade, um Deus soberano. Os babilônios já reconheciam os planetas do zodíaco, os astros e os movimentos das principais constelações no início do segundo milênio antes de Cristo.[3] Quando os autores bíblicos escrevem os textos, estão também fazendo uma teologia da terra, da propriedade, do direito à vida e do sentido da vida. Esse "teologizar" era uma forma de rejeitar o despotismo dos nobres que se apropriavam das terras e das pessoas – só um fato bíblico: quando Salomão se endividou com o rei de Tiro, por causa da compra de madeira, operários e metais, no momento em que esse rei quis cobrar a conta, Salomão entregou vinte cidades da Galiléia, com seus habitantes, propriedades e bens (1Rs 9,10-14). Os indivíduos não eram donos de suas vidas, de suas famílias ou de seus bens pessoais, pois tudo lhes podia ser tirado sem a menor consulta.

Essa realidade perversa sob os aspectos social, político, ético e religioso também foi objeto da reflexão dos sábios, não só bíblicos, mas também de outros povos. Com isso, o Gênesis elabora uma primeira *teologia da terra*, através da qual o ser humano deveria conceber a sua estadia sobre essa terra, com a consciência de um inquilinato: não foi ele que a fez, não vai levar consigo, só precisará de um pequeno espaço para seu cadáver. Essa teologia do inquilinato é, igualmente, uma primeira cosmogonia da vida e de respeito à terra como dom, presente e com direito a desfrutar, mas tendo que prestar contas.[4]

As ciências cosmológicas acreditam na teoria do surgimento do cosmos a partir de uma explosão inicial, em uma célula inicial que explodiu e isso fez surgir as galáxias e o cosmos. Isso pode ser uma teoria da expansão do universo, mas não a tese da origem. Para explicar o começo é preciso partir do "nada", do absolutamente "inexistente", pois no momento que eu já tenho um átomo, uma célula ou uma matéria qualquer, eu já não parto do começo, mas do já existente. Assim sendo, a ciência ainda não responde à pergunta da filosofia: de onde viemos? Nem responde à teologia: quem somos e para onde vamos?

A precisão com que a ciência pode compreender uma célula ou um átomo pode não ser a precisão necessária para conhecer a finalidade dessa célula no universo. Com a visão da função da célula nem sempre é possível ter a visão do ser, no seu todo. Assim é ainda o conceito de universo, visto apenas a partir de suas explosões, reações e perturbações.

A tese da vida como uma energia que se move em todas as direções, que pode retroceder ou avançar a qualquer circunstância ou intensidade, pode bilocar-se ou substituir-se, é apenas uma mera e fraca teoria da física quântica, pois, enquanto presente na matéria, ela está sujeita às leis da matéria, da sua limitação e fragilidade. "A teoria quântica não é original, como fenômeno fotoelétrico. Ela é a teoria do mecanismo de absorção e emissão de ondas eletromagnéticas, através de uma ressonância de dimensão atômica ou subatômica".[5]

A física atômica ou subatômica se ocupa da matéria ou da substância, mas não é capaz de pensar seu fim ou sua finalidade de conjunto fora de ambiente de tensão, relação ou perturbação. A vida, na física quântica, é uma cadeia de moléculas que se relacionam através de reações químicas.

No filme *"Quem somos nós"*, o ser humano é caracterizado a partir da física quântica e, portanto, definido como um ser dotado de emoções, sentimentos, mas também com total liberdade e autonomia para modificar as coisas que estão ao seu redor e projetar o seu futuro. As emoções e a força do pensamento humano são capazes de auferir ao homem a possibilidade, a capacidade de alterar ou redirecionar sua história e seu destino futuro, sempre que ele quiser.

A visão apresentada do ser humano é a de um ser que está relacionado com o espaço e o tempo, correspondentes à atividade de sua mente, sua autoconsciência e suas ações. No nível subnuclear mais profundo de nossa realidade, *você e eu somos um só*. Essa posição a encontramos no Evangelho de João 17,21: "... que todos sejam Um; como tu, Pai, estás em mim e eu em ti, que eles estejam em nós!" Somente que o conceito de unidade, na física, é diferente daquele apresentado pelo Quarto Evangelho. Na física, ser um é ser o mesmo, com uma identidade sem alteridade, o que não é na teologia. Ser Um significa estar no mesmo "barco", na mesma posição, no mesmo Evangelho, rejeitando o Mal em todas as suas facetas e construindo o Bem. Contudo, esse conceito de unidade pode ajudar a teologia a aprofundar suas raízes e encontrar nas ciências razões maiores para justificar sua posição de luta pela unidade, pelo entendimento, pela igualdade dos seres e criaturas, mantendo sempre a sua identidade.

Nos conceitos tradicionais, o mundo externo é maior que o mundo interno. A física quântica está inclinada a oferecer outra proposta: aquilo que está acontecendo dentro de nós é projetado para fora, logo, modificando o que está dentro, transforma-se também o que está fora de nós, sustentando a superioridade do poder interno sobre o externo. O mundo interior, fonte das emoções e da energia, é maior que o mundo exterior. Com essa atribuição exagerada de poder interior, eles acreditam que tudo possa ser sugestionado pelo cérebro e tudo possa ser alterado de dentro para fora, como se o ser humano pudesse transformar tudo pela força mental. Há uma grande tendência de endeusamento do ser humano, pois afirmam que o poder da razão ou as capacidades mentais permitiriam ao ser humano mover-se fora do tempo, retornar ou avançar sem necessidade de obedecer aos limites da matéria.

O objeto da física é o estudo da natureza, seus métodos, fundamentos teóricos e objetivos epistemológicos e como estão em relação direta com as concepções que se têm de seu objeto, isto é, da natureza. Isso equivale a dizer que, ao menos do ponto de vista histórico, como acontece com qualquer área do conhecimento, há um certo relativismo teórico que permite reconhecer, em diferentes épocas, diferentes modos de conceber a ciência.

Colocando, lado a lado, a postura das ciências com as cosmogonias, as quais podem remontar aos primórdios da mitologia, pode-se perceber ainda o valor da mensagem bíblica do Gênesis (1,1-2,25 – abrangendo ambos os relatos), no que concerne ao lugar do ser humano, na sua dimensão *molecular e espiritual*. A ciência vê a molécula, mas não vê o espírito. A ciência justifica as tensões, emoções e reações químicas medidas com instrumentos precisos, mas não consegue buscar as motivações e as causas de tais reações.

A física quântica atribui um grande valor à consciência. Aquilo que o ser humano acredita torna-se valor e força para mudar a realidade que o circunda. O conhecimento das coisas permite que elas se tornem realidade e aconteçam. Jesus exorta os discípulos por causa da sua pouca fé e lhes diz: *"Se tiverdes fé como um grão de mostarda direis a essa montanha: transporta-te daqui para lá, e ela se transportará, e nada disso vos é impossível"* (Mt 17,20).

Para modificar a realidade é necessário adquirir novos conhecimentos e, através dos mesmos, fazer as aplicações novas sobre a realidade com novos estímulos (provocações), que, pela física, se tornam ações químicas produzidas pelo nosso organismo. Ao se repetirem inúmeras vezes as mesmas ações, os neurônios quebram as suas atuais relações e fazem novas conexões que resultam em memórias de longa duração, tornando possível a modificação da realidade.

Na teologia bíblica, a realidade é transformada, não apenas pelas reações químicas cerebrais, rompendo ligações antigas e estabelecendo novas conexões, mas também pela modificação da compreensão da realidade externa. Na verdade, a tensão entre o interior e o exterior provoca uma sucessão de rupturas e novas conexões. Isso chamamos de conversão, mudança de paradigma, consciência da nova realidade, que não é apenas química, mas é afetiva, humana, concreta e espiritual.

A Bíblia e a formação do corpo social – a tese das células, em rede (1Cor 12)

A Bíblia tem uma conceituação clara da formação social, das teses da unidade e da comunidade como corpo, como integração de membros e responsabilidade na atuação de cada um dos seus membros. A teoria da integração social é pautada na justiça (Is 5,8-20; Ha 2,6-20; Mt 5,20), que se transforma numa exigência fundamental para os seus membros.

Na Carta de Paulo à comunidade de Corinto ele percebe uma divisão interna por discordâncias entre algumas lideranças. Com uma clara teoria de que a igreja é uma comunidade e comunhão de pessoas, Paulo exorta a Comunidade a encontrar um caminho de integração, sob pena de desintegrar-se e ruir.

A metáfora que o Apóstolo encontra para exortar a comunidade de Corinto está dentro da tese e dos conceitos da física quântica da formação de rede. Paulo afirma que a comunidade é um conjunto de membros, assim como um corpo é uma integração dos seus membros. Cada qual ocupa seu setor e é responsável pela sua atividade, sem ter necessidade de rivalizar com o outro. A diversidade de membros forma a perfeição e a totalidade das funções no corpo, assim como a diversidade de células forma o corpo físico e toda a célula desconectada inicia seu processo de morte.

A parábola do corpo e os membros para retratar a Igreja de Corinto (1Cor 12,12-30) se transforma num típico exemplo da teoria quântica. Havia, na igreja de Corinto, gente para todos os gostos: sábios, inteligentes, ricos, espiritualistas, profetas e outros. Para a comunidade funcionar, fazia-se necessário integrar essas diferenças e fazer com que cada qual moldasse seus dons para que a igreja local crescesse. O que já foi tratado e que apareceu como problema é que, de um lado, não havia aceitação dos dons alheios; do outro, não havia "conversão", ou seja, mudança de si, para sentir-se corpo com os outros. Os dois passos eram imprescindíveis, pois a assembléia não é o lugar do exibicionismo próprio, mas da diaconia.

Abre-se, aqui, uma nova página de respostas à possível carta enviada a Paulo, com as dúvidas e perguntas (cf. 7,1). O assunto começa com os *pneumatikói,* aqueles que se julgam espirituais, possuidores de uma assistência especial do Espírito, ou aquilo que tem caráter divino, transcendente, o que é preexistente, aquilo que está em oposição à matéria. O "pneumático" pode ser espiritual, psíquico, aquilo que diz respeito à alma. Essa fenomenologia, com essa gama, quase infinita de sentido, era muito conhecida dos coríntios.[6]

As manifestações do Epírito ou do espírito tinham caráter diverso, muitas vezes de difícil discernimento e compreensão. Algumas vezes eram manifestações do Espírito, outras, expressões de fenômenos paranormais, psíquicos, extáticos, sem vínculo com a presença de forças superiores. Assim, essa fenomenologia ocasionava uma variedade de interpretações, aceitações ou rejeições.

A idolatria foi um tema já tratado e bem conhecido dos coríntios (cf. cc.8.10). Os ídolos são mudos, mas no mundo pagão, a dependência é total. Os ídolos são obra das mãos humanas: "São prata e ouro, têm boca e não falam; têm olhos e não vêem; têm ouvidos e não ouvem; têm nariz e não cheiram; têm mãos e não tocam; têm pés e não andam" (Sl 115, 4-7). Essa caracterização, de um mundo anterior (helenismo pagão e idolátrico) para o mundo posterior (helenismo cristão e profético), exige outra forma de olhar. Ao caracterizar os ídolos como mudos, e sua força arrebatadora, uma espécie de sedução (Jr 20,7), exige uma reflexão para uma superação.

O Apóstolo sublinha a supremacia do Espírito Santo, e tudo o que for *verdadeiramente pneumatológico,* só será se tiver a manifestação do Espírito Santo. Ele quer corrigir, o quanto possível, a influência dos espiritualistas, que se diziam superiores aos outros por possuírem poderes divinos. Essas distorções, presentes em abundância na mitologia grega, precisavam ganhar outra conotação na comunidade cristã. Por outro lado, os problemas com as lideranças abordados nos cc. 1-4 mostram que havia uma necessidade de encontrar uma saída plausível para a integração da comunidade.

Empregando o vocábulo *diairéseis,* que pode indicar divisão, diversidade ou também "distribuição", Paulo aceita a diversidade, mas repudia a ruptura. Em outras palavras, os dons são distribuídos de modo diverso. Nem todos possuem os mesmos dons, mas precisam possuir o mesmo Espírito. Se o Espírito for o mesmo e o mesmo Deus, logo, haverá a possibilidade de encontrar uma solução para os conflitos. Na diversidade é preciso olhar diferentemente e descobrir a possibilidade da unidade. A diversidade significa identidade, particularidade e beleza. Quando não tiver o mesmo Espírito, significa divisão.

A cada um é dada uma forma de manifestação do Espírito. Não é dado a todos a mesma manifestação. Os dons diferentes identificam seus portadores, os quais precisam carregar consigo (v.7) para a comunidade, para a sociedade e para a vida. Transportando esses conceitos para a física quântica, temos a diversidade de células que entram em tensão a cada momento, mas cada uma preserva a sua individualidade. Essa individualidade é também a diversidade da graça, segundo Paulo. A diversidade é também a identidade que não se perde na relação de pessoas, nem na tensão da conexão das células. A graça é necessária para que cada membro manifeste sua identidade, sua integração e sua conexão dentro da comunidade.

O lexema *charisma* vem de *cháris,* que significa graça. A tradução de "charisma" como "dom" nem sempre confere o sentido grego de graça. Todos os dons são capacidades ou potencialidades de manifestações da graça, e o que é graça deveria ser aproveitado, mas muitas vezes falta o discernimento e a vontade para aproveitar essa graça. Se cada qual recebe a sua "graça", ninguém ficou sem, ninguém ficou fora. Descobrir essa graça e a sua manifestação é uma questão de conhecer-se a si próprio, antes de procurar conhecer os outros. Quando não se busca o próprio conhecimento, pode acontecer que parte ou toda a graça se perca, em detrimento do pecado que vai habitar, no lugar dela. Quando alguém não descobre a graça e o Espírito dentro dele, começa a ter ciúme, inveja, ódio daqueles que a encontraram e estão operando segundo esse Um e Mesmo Espírito (é o resultado dos conflitos dos grupos 1Cor 1-3 e dos litígios e processos entre irmãos 1Cor 6).

A igreja é um corpo vivo 1Cor 12,12-31

A associação do corpo com a igreja visa instigar a reflexão dos ouvintes para a necessidade de integração, de responsabilização e consciência de pertença. Não havendo integração, há uma responsabilidade e culpa pelo sofrimento causado aos outros e um prejuízo pessoal por não cultivar a graça (carisma) recebida pelo Espírito.

> (12,12-20) *Do mesmo modo que o corpo é um e tem muitos membros e todos os os membros do corpo, sendo muitos, são um só corpo – assim é Cristo. Assim nós todos, no mesmo Espírito, formando um só corpo, fomos batizados, quer judeus, quer gregos, quer escravos, quer livres, todos bebemos do mesmo Espírito. O corpo não é um membro, mas muitos. Se o pé diz: não sou mão, não sou do corpo, nem por isso deixa de ser do corpo. Se o ouvido diz: não sou olho, não sou do corpo,*

nem por isso deixa de estar no corpo. Se todo o corpo é olho, onde está o ouvido? Se tudo é ouvido, onde está o olfato? Não dispôs Deus os membros, cada um deles no corpo como quis? Se todos são membros, onde está o corpo? Os membros são muitos, mas o corpo um só.

A pobreza de Espírito evidencia a riqueza do pecado. A individualidade, característica do mundo grego: "*Cada um se basta a si mesmo*", tornava-se uma das grandes dificuldades para a formação de uma igreja unida, forte e solidária.

A ética grega primava pelo espírito individualista, forçando cada qual a se virar na vida e a incentivar a descoberta das próprias qualidades e virtudes, pois todo o homem tinha uma bagagem suficiente para se defender e superar todos os obstáculos.[7]

O individualismo é uma faca de dois gumes, apresentando um aspecto positivo e outro negativo. O aspecto positivo do individualismo é que ele evitava a preguiça, o ócio, o parasitismo e o derrotismo gratuitos. Se cada qual tem que se virar na vida, não havia muita escapatória diante das dificuldades – era preciso encontrar uma saída, e nisto estava um grande valor, pois cada um descobria suas potencialidades e capacidades. Nesse caso, o autoconhecimento era fundamental, a consciência de si e de sua responsabilidade individual e social. O aspecto negativo é que se cada um se basta a si próprio, por que colocar as coisas em comum, integrar-se numa comunidade, exercer a caridade e a solidariedade? Dessa forma, a cultura grega oferecia ao cristianismo uma grande abertura, em virtude de sua liberdade religiosa e filosófica, mas oferecia também grandes dificuldades práticas, pois o individualismo não aceitava muito a formação de comunidades, de compromissos solidários e libertadores.

Na parábola do administrador desonesto (Lc 16,1-13), Jesus mostra essa mentalidade e elogia a forma de solução, a mentalidade que está subjacente a esse procedimento, mesmo que condene a atitude. Ao saber que ia ser demitido por "justa causa", o mau gerente não se entrega ao desânimo e ao ostracismo derrotista, mas toma outra decisão, mais perversa ainda, e busca uma solução a fim de evitar sua ruína posterior. Usando esse exemplo, Jesus quer despertar nos discípulos a convicção de nunca "entregarem os pontos", e sim buscarem uma saída, pois esta existe. Não há nenhuma dificuldade intransponível, trata-se, acima de tudo, de encontrar a estratégia de solução. Pode-se afirmar que não há *beco sem saída*, pois se não dá para ir para frente, é só retornar por onde se entrou. A saída é a volta e o recomeço por outro caminho, o caminho certo.

Tomando as teorias sobre a formação de rede entre as células da física quântica e da partição atômica na física subatômica, podemos afirmar que essa mesma consciência está muito clara na pregação de Paulo à comunidade de Corinto

(1Cor 12-30). A tensão das células e a sua interconexão são semelhantes à tensão e à integração dos membros de uma comunidade social e, de modo mais profundo, de uma comunidade cristã. Enquanto as células se integram num processo de "perturbação – reorganização", a comunidade se relaciona com objetivos de convivência, tensão, perdão e amor, ou seja, a consciência das razões de sua integração. A física quântica denomina esse fenômeno de *"autopoiésis"* (autoorganização; literalmente seria a capacidade de autofazer-se, restabelecer-se...). No conceito da comunidade cristã, é a capacidade do resgate solidário através do perdão e do amor libertador. A comunidade tem a capacidade de "refazer-se", particularmente quando acontecem conflitos, desentendimentos, processos ou outras coisas ruins (cf 1Cor 6). Essa *"autopoiésis"* é a força do Espírito Santo que move todas as células da comunidade, todos os membros do corpo, todos os membros de Igreja, do mesmo modo, com a mesma intensidade à ação solidária do resgate, da libertação, da restauração e da reinclusão de membros que se tenham "desconectado" através do pecado ou do erro.

A tese da formação da comunidade na comparação com os membros do corpo é muito sábia, de modo particular para quem tinha esse espírito do bastar-se a si próprio, como era habitual na mentalidade dos cidadãos de Corinto. Se cada um tem um dom, este é o que falta para o outro. Se alguém é "ouvido", o ouvido é importante para os olhos e para o pé. Se alguém é pé, esse é importante para o estômago, pois conduz para onde tem alimentos. E assim acontece com a totalidade dos membros do corpo. Na linha inversa, quando um membro está doente e por causa desse membro doente, todo o corpo pára, muitas vezes para sempre.

Muitos cristãos de Corinto pensavam que, por não serem escravos, não precisariam dos escravos; outros, por serem filósofos, não precisariam dos profetas ou dos que faziam milagres. Desta forma, o espírito pobre, a falta de consciência coletiva dificultavam a integração e a solidariedade. A metáfora do corpo e os membros permitia que cada qual descobrisse que tipo de membro seria, dentro e fora da comunidade? Qual seria seu papel? De que formas poderia somar e acrescentar? Ele não poderia negar-se a participar por não ser igual ao outro, por não ter os mesmos dons. A diversidade de membros forma o corpo. A diversidade de dons, em cada um, forma o corpo de Cristo, na igreja.

(12,21-26) O olho não pode dizer à mão, não preciso de você; ou ainda, a cabeça dizer aos pés – não tenho necessidade de vocês. Mais ainda – os membros do corpo que parecem mais fracos, são os mais necessários. Os que parecem ser menos honrados do corpo, os cercamos com maior respeito. Os nossos membros menos decentes recebem maior decoro. Os nossos membros decentes não têm necessidade de cuidados, mas Deus compôs o corpo atribuindo maior honra ao que é

menos nobre, a fim de que não haja divisão no corpo, mas um pelos outros membros tivesse solicitude e, quando um membro sofre, conjuntamente todos sofrem; quando um membro é honrado, todos os membros se alegram juntos.

A temática da inter-relação dos membros entre si dentro do todo do corpo, sob o ponto de vista teórico, é bastante clara e simples, mas, sob a perspectiva prática, revela uma grande conflituosidade. A metáfora dos membros do corpo comparada com a realidade dos membros de uma comunidade, enquanto metáfora, é fácil, mas o problema crucial reside na consciência de cada membro em torno da pertença, da integração e da interdependência. Como é incompatível a divisão no corpo, a mesma coisa se aplica à comunidade. Ninguém pode ser dispensado ou negar-se a participar, do mesmo modo que os pés ou a cabeça não quisessem integrar o corpo. Os diferentes membros participam do corpo com aquilo que lhes é próprio e específico, aquilo que os caracteriza pela sua função. E quando um membro está doente, todo o corpo sofre. Muitas vezes, por causa de um só membro doente, todo o corpo pára.

Uma questão metodológica pode ser colocada para o entendimento da relação física quântica com a teologia. Enquanto a física usa o método experimental da certeza material e verificável, a teologia usa o método experiencial e da certeza da fé, da razão e da alma. A certeza das ciências está na verificação da integração da matéria, da articulação das partes, mas a certeza da teologia está na presença do Espírito que une os objetivos, que fortalece a dinâmica da graça e da ação.

Na certeza do seu método teológico, Paulo insiste que a comunidade precisa entender essa lição "corporal". O exemplo magnífico de Jesus, na parábola do Bom Samaritano (Lc 10,29-37): um homem, no caminho de Jerusalém-Jericó, foi assaltado e deixado machucado à beira da estrada. Diante dele passou um sacerdote e, depois dele, um levita, mas como não sentiram esse homem ferido, parte *do corpo social deles,* porque o sangue e as feridas os tornariam impuros, omitiram o socorro e foram adiante. Passou por lá um *homem samaritano*, desconhecido e forasteiro, mas que, ao ver esse homem caído, de imediato o socorreu e o levou até um lugar para o seu atendimento, prometendo arcar com as suas despesas. Com essa metáfora tirada do quotidiano da vida, Jesus corrigiu um princípio judaico sobre a compreensão do *"próximo"*. Para o levita e o sacerdote, o próximo seria um outro judeu, puro, bem-sucedido economicamente e cumpridor das tradições, mas sem compromissos com os outros, em qualquer circunstância. Para Jesus, o próximo é o primeiro que se aproxima, o primeiro necessitado, aquele que "agora" está ao meu lado, à minha frente. O próximo é a consciência de rede, de integração, de conexão.

Paulo, na sua carta aos Coríntios, exorta para essa união solidária e a necessidade da integração de cada membro com seus dons, sem precisar ter ciúme dos dons do outro; o que importa é que integre a comunidade com aquilo que lhe é próprio. Assim, o dom de fazer curas, de profetizar, de ensinar, de falar línguas e de interpretá-las, todos têm espaço na vida da comunidade e precisam ser valorizados.

Aqueles que são os membros mais fracos: escravos, ignorantes, doentes, prisioneiros e outros devem ser tratados com mais cuidados, para que possam integrar a comunidade com seus dons e serem valorizados na sua condição.

A empatia e a solidariedade são virtudes imprescindíveis para a sobrevivência de uma comunidade. Sem a empatia não há receptividade, não há a "captátio benevolentiae" e com isso os membros doentes acabam morrendo e prejudicando o corpo todo.

Em toda essa consciência de integração dos seres vivos, dos seres humanos, dos membros de cada religião, de cada povo e de todos os povos, podemos afirmar que o sentido da vida está na sua *conectividade*, em primeiro lugar das peças entre si (os humanos entre eles), depois das peças com o seu exterior (a cosmologia, a ecologia, a ética biológica com todas as espécies animadas) e por fim com o seu Criador (cf. Gn 1,1-2,25). "A terra foi concebida, primordialmente, para a existência, uso e contemplação dos homens".[8]

> (12,27-31) *Vós sois o corpo de Cristo e membros dele, cada qual de uma parte. Assim Deus colocou na igreja primeiro apóstolos, depois profetas, em terceiro lugar doutores, depois o poder (de operar milagres), depois os carismas de curar, de atender doentes, de governar, de discernir línguas. Nem todos são apóstolos, nem todos profetas, nem todos doutores, nem todos fazem milagres, nem todos têm os carismas da cura, nem todos falam línguas, nem todos interpretam línguas. Buscai os dons maiores. E, segundo a excelência, vos mostro o caminho.*

As rixas e os partidos (1-3), o problema com os sábios (4), a fornicação e outras coisas (6), a idolatria (8.10) e a rejeição ao ministério de Paulo, em detrimento de outros intrusos, não eram senão o inverso do exemplo paradigmático do corpo. A comunidade estava dividida, por bem ou por mal. Por bem, porque alguns tinham a reta intenção e não podiam aceitar que intrusos tomassem a dianteira; por mal, porque havia anarquistas, aproveitadores, impudicos e outros que estavam lá, sem serem da comunidade. O corpo de Corinto estava muito doente.

Para sanar esse corpo era necessário muito remédio, muita penitência, oração e humildade. Dentro dessa comunidade, os orgulhosos, os arrogantes e os invejosos não exerciam a solidariedade, a caridade e o resgate. Essas divisões eram homologadas nas próprias assembléias (11,18-22) quando os mais pobres, que nada tinham para levar e partilhar, também não recebiam dos outros, porque esses, por sua vez, se negavam a partilhar.

A chave hermenêutica dessa instrução é que cada qual descubra o que é, quem é, o que faz e depois se pergunte: o que posso ser? Quem quero ser? O que posso fazer? Deste modo, por ordem de excelência, o caminho já foi mostrado, é só andar nele (v.31).

No diálogo com a física quântica, recebemos dela um grande apoio, pois essa teoria da coletividade, segundo a ciência, já está no DNA do ser humano.

> *Na qualidade de seres humanos, nós não nos limitamos a perceber por experiência subjetiva os estados integrados da consciência primária, também pensamos e refletimos, comunicamo-nos através de uma linguagem simbólica, formulamos juízos de valor, elaboramos crenças e agimos intencionalmente; somos dotados de autoconsciência e temos a experiência da nossa liberdade pessoal. Qualquer teoria da consciência que se venha propor no futuro terá de explicar de que maneira essas características amplamente conhecidas da mente humana nascem dos processos cognitivos comuns a todos os organismos vivos.*[9]

O ser humano aprende no seu nascimento um contato com o mundo exterior e o seu contato se dá através da linguagem social. O seu mundo interior dialoga com o exterior através dos códigos da linguagem, que é, por sua natureza, evolutiva e comunicativa. Toda a linguagem é expressão de códigos sociais, codificados e decodificados no meio do grupo de convivência.

A física quântica, ao definir que as células formam rede e que todos os seres do cosmos formam células numa grande rede, presta um grande serviço à teologia, de modo particular à teologia cristã, que é, por excelência e por essência, uma teoria da comunidade, da comunicação e da conexão de indivíduos ligados por uma proposta única, universal e includente: o Evangelho de Jesus Cristo, amor, perdão e redenção.

Quando se fala de linguagem única, recorrendo ao evento de Pentecostes (At 2,42-46), pode-se afirmar que todos os povos, presentes ao discurso dos apóstolos, ouviam falar na sua própria língua porque a linguagem cristã, orientada pelo Espírito, é uma linguagem que serve para todos os povos, em todos os lugares e todas as culturas. A língua, como idioma, é apenas um símbolo dessa comunicação, mas, nesse caso, fica suplantada pela linguagem. Pentecostes não é um fenômeno da língua, mas da linguagem. A linguagem do Espírito abarca, integra, penetra em todas as línguas.

No campo inverso, a torre de Babel (Gn 11,1-9) revela um conflito de linguagem, visto que os povos da Mesopotâmia, na época, falavam dois idiomas comuns (sumério e acádico). A língua não era sinal de não-comunicação, mas o que tornou impossível a continuidade dos projetos tirânicos foi a linguagem. Quando os tiranos foram impondo sucessivamente mais peso nos ombros dos escravos, eles acabaram rejeitando as ordens. Patrões e escravos, dominadores e dominados falavam a mesma língua, mas não a mesma linguagem.[10] Em Babel houve uma *desconexão*, uma ruptura de rede, uma ruptura de projeto e uma dessocialização do ser humano. A linguagem do déspota está desconectada da linguagem social, porque ele pensa só para dentro de si, só para o seu eu. Babel e Pentecostes, colocados lado a lado, nos parâmetros da física quântica, nos dão a dimensão da *conexão x desconexão*, em linguagem de rede:

Babel é o símbolo da desconexão

a. Babel é uma cidade que fala o acádico, uma língua única, mas os seus habitantes não se entendem por causa dos interesses individuais, e isso resulta num caos da comunicação e da linguagem;

b. Babel é a cidade de um só povo, uma raça majoritária e uma tradição primordial como cultura, mas os líderes e ricos ignoram os pobres, rompendo os princípios antropológicos e biológicos da própria espécie;

c. Babel tem uma religiosidade própria, divindades comuns, rituais conhecidos, mas os deuses são mais fracos que o poder dos déspotas e tecnocratas;

d. Babel tem líderes que se auto-elegem "divinos", inspirados, concorrendo com Deus, enquanto os "subalternos" são considerados seres sem alma, sem espírito e sem dignidade;

Pentecostes é o sinal da conexão

e. Pentecostes se caracteriza pela presença de povos de todo o universo habitado, cada qual falando seu idioma próprio: partos, medos, elamitas, cretenses, árabes e muitos outros povos, mas esses idiomas se conectam com uma única linguagem, a do Espírito do Evangelho;

f. Pentecostes revela a presença de muitos projetos, visto que cada povo tinha o direito de pensar para si, para a sua cultura e defesa das suas tradições próprias, mas, para além dessas particularidades, os povos começam a pensar de modo universal, como filhos e filhas do mesmo Deus Criador e Pai;

g. Pentecostes revela uma pluralidade de religiões, crenças, cultos, divindades e ritos, mas todas essas posturas se transformam em sinal de relatividade e unidade em torno do *agápê cristão*, que é a doação de si para a libertação do próximo (cf. Mc 10,45; Jo 13,1-35; Rm 12);

h. Pentecostes recebe uma multidão de culturas, muitas delas fechadas em si, mas consegue transformar esses fechamentos em abertura para o diálogo, o entendimento, para a comunhão de sentimentos, projetos e pessoas.[11]

Ainda seguindo a pedagogia de Paulo, podemos alicerçar, de modo mais patente, a teoria da *conexão, da rede de células vivas, da comunhão de pessoas*. Ao escrever para a comunidade da Galácia (Gl 3,28), o Apóstolo não titubeia ao afirmar que, *em Jesus Cristo*, havia cessado todas as diferenças e que nele estavam abrigadas todas as nações. Em Cristo não havia mais diferença entre judeu e grego, escravo e livre, homem e mulher, mas todos eram um único povo.

A teoria de rede de células presta esse grande serviço à teologia, mostrando que toda a célula que se desconecta corre o risco de morte própria, por não subsistir por si. A teoria cristã explica essa ruptura através do conceito do pecado, do mal ou da ofensa ao próximo. Toda a pessoa que peca rompe, trai, quebra um pacto e causa o mal.

Como a célula é a menor partícula da consciência no ser humano, e não é sólida, tendo divisões e espaços vazios, assim o ser humano não é sólido absoluto, ele também tem espaços vazios que podem ser completados, ampliados, transformados. O corpo humano é uma combinação perfeita de átomos e moléculas interconectadas, que diferenciam o ser humano na sua apresentação, mas o tornam semelhante ao outro na sua identidade. O ser humano tem como grande privilégio a capacidade de auto-refazer-se constantemente, mas ele tem que trabalhar as mudanças de conexões das suas células. Na teologia ele tem que mudar seus comportamentos refazendo a sua mente, as suas convicções e emoções, para mudar as ações.

Algumas conclusões

A teoria de rede, como *globalização,* produziu os efeitos mais nocivos da história da humanidade. Desde o final da segunda guerra mundial (1945) até 1985, com a *Perestroika,* o mundo conheceu dois universos opostos: capitalismo e socialismo (comunismo). Com a queda do comunismo russo, o mundo ficou manipulado por outros eixos de interesse mesquinho: israelenses x palestinos; capitalismo x capitalismo selvagem; capitalismo selvagem x capitalismo assassino. Os Estados Unidos da América representam a política mais medíocre do Ocidente, desintegrando o Ocidente como região democrática, social e respeitosa aos direitos dos povos, nações e pessoas. Com seus interesses escusos, mentirosos e prepotentes, invadem nações, escravizam, subjugam, corrompem e manipulam. Auto-intitulando-se o "Eixo do bem", tentam iludir a mídia com seus combates estapafúrdios em regiões pobres, indefesas e inocentes, às quais denominam "Eixo do Mal".[12]

O impacto do pecado econômico, gerado pela falsa idéia de globalização – visto que não há globalização, mas tirania de novos "donos" do mundo –, rejeitado durante séculos, está agora sendo reconhecido, não só pela teologia, mas por seus protagonistas, os teóricos do capitalismo selvagem, capitalismo esse expressão da barbárie, do despotismo e da concentração dos bens de capital e de consumo. As leituras cosmológicas, o aquecimento global, o impacto social da miséria e da exclusão social, o degelo dos pólos, a desertificação da Amazônia e outras regiões obrigam os homens e empresas que arquitetaram esse sistema macabro de produção e possessão a reconhecer o seu pecado, sua colaboração nesse caos ambiental e, em tese, na representação de células sociais necrosadas e desconectadas. O capitalismo selvagem propiciou um caminho para o caos de Babel, onde só a linguagem do tirano era comunicação.

Hoje, já colhendo os frutos desse caos ambiental e cósmico, o mundo se prepara para refletir numa linguagem mais sistêmica, mais comum e universal. Mas essa linguagem só será sistêmica se o caos se mostrar visível, porque o capitalismo selvagem das grandes potências só se renderá, de fato, diante do caos. As grandes potências são células desconectadas do universo, não formam Um com o resto, mas cada uma delas julga representar a totalidade e a unidade. É apenas o reflexo do pecado e da morte dos impérios, assim como caíram todos os outros ao longo da história.

A física quântica oferece uma compreensão dos sistemas como totalidades integradas, modificando todos os conceitos a partir de Newton, segundo o qual e seus seguidores, todos os fenômenos podiam ser reduzidos às propriedades de partículas materiais rígidas e sólidas. A física quântica mostrou que os objetos materiais sólidos da física clássica se dissolvem no nível subatômico, em padrões de probabilidades semelhantes a ondas. Além disso, esses padrões não representam probabilidades de coisas, mas, sim, probabilidades de interconexões. As partículas subatômicas não têm significado enquanto entidades isoladas, mas podem ser entendidas somente como interconexões, ou correlações entre os vários processos de observação e medida.[13]

A Bíblia mostra desde os tempos mais remotos que o ser humano está no universo como um *administrador, como um inquilino* e não como senhor. Deus colocou o ser humano para governar a Terra, somente esse planeta azul, mas como governante deveria prestar contas ao seu senhor, e nem tudo lhe era permitido a fim de não ostentar um lugar de "deus" (Gn 2,16-17), vetando-lhe assim o direito de tirar "o fruto" da árvore do centro do jardim. Esse pecado insinuado pela Serpente à mulher é o mesmo que a física quântica, em parte, apregoa: você não precisa cultuar um ser Superior, porque você é esse ser superior, você tudo pode dentro de uma rede de moléculas em tensão. Assim, sempre que alguém alimenta esse princípio, acaba estragando a rede, entupindo as conexões e interrompendo a vida, ou a própria ou a dos outros.

A Bíblia tem esse grande papel do diálogo com as ciências, mas ela é o livro da Vida, da Sabedoria, do Amor. O conceito de universo criado e da semelhança de todas as criaturas pode ser reforçado pelo princípio da rede, mas é preciso avançar mais. Todas as células nesse grande universo estão voltadas para o Criador. A fim de que ninguém se outorgue o direito de assenhoreamento sobre o outro, Deus colocou esse interdito, e a administração será apenas uma concessão para o gerenciamento daquilo que é dele.

A morte, considerada uma transformação das células em formação de rede, não é mencionada como uma passagem que implica um balanço ético. Aliás, a ética não é mencionada por muitos físicos.

Para a teologia bíblica, a ética é o fator principal da sentença final (cf Mt 25,31-46; Lc 16,19-31; Ap 22,15). A morte é a sentença mais justa que acontece sobre essa face terrestre, independentemente da forma ou do jeito com que cada qual faz esse trânsito. Ela nivela o grande e o pequeno, o rico e o pobre, o sábio e o idiota. Contudo, ela revela a verdadeira natureza do ser, enquanto rede de neurônios, de átomos e células, conectadas ou desconectadas, vivendo a justiça e a graça ou vivendo o pecado e o mal.

Toda a célula que vive conectada forma rede e permite que o ser viva em permanente transformação, e toda a célula que se desconecta, morre. Assim vem a consciência do bem e do mal, partindo da física: toda a pessoa que está em sintonia com a sociedade vive intensamente as vibrações do seu lugar, comunidade e povo, enquanto que, ao viver desconectado, vive para si, pelos seus interesses, no seu mundo afastado dos outros. Essa ruptura é o pecado e o mal. Ainda nesse aspecto pode-se aproveitar uma grande constatação de relação entre o estar ou não estar com os outros, como sinal do Bem ou do Mal.

A TEOLOGIA DA LIBERTAÇÃO

J. B. Libanio

A teologia da libertação (TdL) nasce com esse nome em 1971, com o livro programático de Gustavo Gutiérrez[14]. Em comparação com teologias ancestrais e seculares, ostenta face bem jovem. No entanto, viveu, em pouco mais de trinta anos, ciclo fecundo. Não lhe faltaram momentos de glória, tormentas, nem o anúncio fúnebre da morte por adversários ferinos. Entretanto, vive e continua fecunda, abrindo-se aos desafios emergentes.

Depois de rápido périplo do nascimento da TdL, passando pela estrutura metodológica até a consolidação, deter-nos-emos nas inflexões atuais e na persistente relevância. Pairam no ar perguntas: ela foi uma moda que passou? Não se vinculou de tal maneira ao socialismo cuja queda a arrastou na mesma voragem? E se passou, deixou após si algumas pegadas visíveis?

Por trás das interrogações esconde a ideologia midiática de que só existe aquilo que os meios de comunicação veiculam, valorizam. Desaparece tudo o que eles cobrem com o silêncio. Princípio que rege validamente o mundo da mercadoria, do comércio. A propaganda, a visibilidade, a marca constituíram-se dogmas da publicidade. Ora, a TdL sofreu sob os três aspectos. Saiu do foco da publicidade, perdeu visibilidade e o nome se cobriu de suspeitas e da acusação de ranço da década de 1970.

Fora dos jargões midiáticos, o silêncio sobre a TdL adquire outro significado. Publicidade não se identifica com relevância. Esta possui a consistência da presença objetiva na realidade. A TdL permanece espinho na carne da sociedade capitalista, da Igreja e das outras teologias. Não as deixa dormir sobre os louros de triunfos à custa ou à margem dos pobres. As constatações objetivas das marcas da história estão aí. Ficarão mais claras à medida que se desenvolver a presente reflexão. À guisa, porém, de antecipação provocativa, apontamos alguns exemplos. Em termos de influxo na sociedade por parte da Igreja, embalada pela perspectiva libertadora, elencam-se várias Campanhas da Fraternidade (CF). A simples enumeração de alguns dos temas mostra-lhes claramente o traço social. Até 1972, as CF voltavam-se para a vida interna da Igreja. A partir de 1973, começou a ladainha social: libertação, vida, repartir, comunidade, família, trabalho, mundo, migrações, saúde, educação, violência, fome, terra, menor, negro, comunicação, mulher, juventude, moradia, excluídos, política, encarcerados, desempregados, paz, povos indígenas, drogas, pessoas idosas, água, solidariedade, pessoas com deficiência e Amazônia. Impressiona a escolha de temas altamente sociais, cuja abordagem se fez no método e na perspectiva da TdL.

A linguagem da pastoral já reflete semelhante horizonte nos binômios: fé e vida, mística e militância, ortodoxia e ortopráxis, revelação e realidade. As Comunidades Eclesiais de Base (CEBs) participaram da criação do Partido do trabalhador que pretendia ser diferente: originário da base e não das cúpulas dos coronéis e donos do poder. Até hoje, a TdL inspira compromissos de muitos cristãos, leigos, religiosos e clérigos. Alguns se engajaram até o derramamento de sangue. A Igreja da libertação se coroou com a palma do martírio.

J. Moltmann teceu maravilhoso paralelismo entre Santo Th. Beckett (1118-1170), arcebispo de Cantuária, na Inglaterra, que, na defesa dos direitos e privilégios da Igreja, foi assassinado pelos seguidores do Rei Henrique II com Mons. Oscar Romero, que também foi assassinado, mas na defesa dos direitos dos pobres pelo esquadrão da morte do Governo de El Salvador[15]. Se o primeiro pertence aos fastos dos santos oficiais da Igreja, o segundo goza de enorme prestígio de santidade na Igreja da libertação, dos pobres do Continente latino-americano.

A tradição da libertação está viva. O testemunho insuspeito do renomado teólogo alemão J. Moltmann, acima citado, reforça tal convicção. "A TdL latino-americana é a primeira teologia alternativa ao capitalismo, que hoje se denomina 'a mercantilização global de todas as coisas'. A TdL já não é somente contextualmente latino-americana, mas se torna na esteira do mencionado desenvolvimento contextualmente universal. [...] Ela se transforma de uma teologia especialmente latino-americana em uma teologia sociocrítica universal. 'Terceiro Mundo' é um conceito de classe. Por este caminho, a teologia da libertação ultrapassa os limites católico-romanos e em sentido amplo ecumênico é católica. Vai além dos limites da comunidade cristã, para fortalecer todos os impulsos, que se originam do povo em direção à libertação da humanidade da injustiça e da dominação"[16].

Apesar de afirmação tão apodíctica, permanecem dúvidas sobre seu destino, que não vêm simplesmente do campo adversário. Assim, um de seus principais corifeus, Clodovis Boff, em recente artigo, julga a caminhada da Igreja da América Latina já não se dar em continuidade com a "'tradição latino-americana', ou seja, a linha que vem de Medellín, passa por Puebla e chega até Santo Domingo"[17]. Veladamente se configura uma crítica à teologia da libertação, que caracterizou tal tradição. No entanto, ao longo do artigo a afirmação inicial se matiza. Considera como as "marcas registradas" da Igreja latino-americana a opção preferencial pelos pobres, as comunidades eclesiais de base, a teologia da libertação ", além de salientar o vigor das pastorais sociais. Tais traços não se apagaram, antes foram assimilados e naturalizados pela Igreja[18].

Este trabalho não pretende ser unicamente estudo histórico e arqueológico da TdL; ele aponta para a sua atual presença e significado. Nessa mesma perspectiva, Jon Sobrino se perguntou: que permanece da teologia da libertação?[19]

I. NASCIMENTO e CONJUNTURA

Toda teologia forçosamente é contextual. Mas não necessariamente se dá conta de o ser. Pelo contrário, a teologia escolástica se atribuiu o epíteto de *theologia perennis*. Até recentemente, a consciência média do teólogo europeu denominava teologia, sem mais, o que ele produzia. A TdL surgiu como acicate que lhe espicaçou a sonolência ideológica, chamando-o a pensar-se contextualmente, já que os latino-americanos se arvoraram no direito de teologizar em outro contexto.

Hoje nos é óbvio que toda teologia é, ao mesmo tempo, universal e contextual, articulando as duas dimensões. É universal, enquanto toda teologia cristã, que fala de Deus revelado em Jesus Cristo, tem significado e alcance universal. Tudo o que realmente toca a Deus é absoluto, universal e tem algo a dizer a todas as pessoas. Tudo e todos foram criados por Deus e afetados radicalmente por ele. À medida que a teologia fala desse Deus, atinge a todos. É universal.

No entanto, ela situa-se também num tempo, espaço, cultura, produzida por homens ou mulheres, obra de uma instituição ou de uma pessoa, de caráter oficial ou espontâneo. Essas determinações conotam limitação. Enquanto situada percebe aspecto próprio desse lugar. Sua riqueza. Mas é condicionada por ele. Seu limite. Numa palavra, todo lugar de conhecimento e de produção teórica possibilita ver a verdade universal, mas, simultaneamente, limita-a. Isso vale de toda teologia. E assim a TdL, por ser situada na perspectiva da libertação dos pobres em contexto de opressão, percebe elementos que outras teologias não conseguem, mas também tem os limites de tal condição.

Toda teologia é uma resposta dada à luz da revelação de Deus. A fonte da resposta é a mesma: a grande Tradição. A pergunta varia e ao ser diferente faz que se entenda a fonte diferentemente e se responda por isso também de outra maneira. Situemos brevemente, sob o ângulo da pergunta e resposta, a TdL, comparando-a com outras teologias.

A Teologia tradicional se preocupava em elaborar as respostas que, num contexto homogêneo e religioso de fé, os fiéis faziam. Por isso, elas podiam permanecer séculos intocadas, como os catecismos antigos mostram. Organizavam-se as verdades dogmáticas dentro dum sistema orgânico. A fé perguntava à fé. Realizava-se nela, com perfeição, a definição da teologia como *fides quaerens intellectum* – a fé que busca inteligência de si mesma, de maneira abstrata, imutável, universal, ao definir, explicar, expor, declarar as verdades do grande depósito da fé e do ensinamento oficial do magistério. Ela excluía qualquer novidade que parecesse verdadeira oposição à doutrina oficial. Condenava erros e adversários, refutava dificuldades. Portanto, uma teologia religiosa, objetivista, autoritativa.

A teologia moderna, e a TdL se inclui em tal contexto, defrontou-se com as perguntas levantadas pela modernidade. Sonda o significado existencial e interpessoal das verdades de fé, intenta traduzi-las, respeitando os dados científicos, filosóficos, críticos, históricos, lingüísticos, ideológicos, seculares do mundo atual. E a sociedade moderna, como pode ser influenciada pelos princípios cristãos?

No interior desse contexto, a TdL privilegia a situação de dominação, o avanço do capitalismo selvagem e seus efeitos, os movimentos sociais e populares de libertação, a presença da Igreja no coração do grito dos pobres. Por isso, o produto teológico se diferencia por causa da nova perspectiva e interesse fundamental. Não é ideológico, porque tal escolha nasce do mais profundo da mensagem evangélica de Jesus em relação aos pobres.

Ao referir-se ao conjunto da Igreja da América Latina, P. Henrique Vaz constatou o fato de se passar de uma Igreja reflexo para uma Igreja-fonte[20]. O mesmo vale da teologia: de uma teologia até então reflexo das teologias tradicionais e modernas européias para uma teologia-fonte, nutrida no solo da Igreja dos pobres. Fato provocador que tem produzido reações de desagrado por parte de instâncias romanas.

O contexto social da América Latina caracterizava-se, no momento do surgimento da TdL, por ser continente oprimido e dominado por um capitalismo selvagem, tardio, periférico, dependente. Politicamente instável sofreu dezenas de golpes de Estado entre 1946 até o processo de redemocratização da década de 1980. Ideológica e simbolicamente era provocado pela revolução cubana e pela consolidação do regime comunista na Ilha. Assistiu à criação e ao fracasso da Aliança para o Progresso. Questionou radicalmente a hegemonia da ideologia desenvolvimentista da década de 1950 com os estudos de sociólogos e polítólogos da CEPAL[21].

Pululavam, naqueles idos, movimentos revolucionários na cidade e no campo. Capitaneava-os uma vanguarda adestrada com táticas de guerrilha, inspirada na ideologia marxista, tendo como horizonte o socialismo, e que se beneficiava das figuras simbólicas de Fidel Castro, Che Guevara (+1966), Camilo Torres. Entre eles, estavam Mir, Erp, Tupamaros, Sendero Luminoso, FARC, Ligas camponesas, VPR, MR8 e outras tantas facções que assumiram a luta armada, oriundas do PCB, PCdoB. No Brasil tal agitação provocou o golpe de 1964 com o recrudescimento repressivo com o AI-5 (1968). Naquela época, julgava-se possível a instalação do socialismo no Continente na esteira de amplo processo revolucionário socialista, como o exemplo de Cuba parecia atestar. Os sindicatos urbanos e rurais se nutriam de ideologias críticas ao sistema capitalista. No campo pedagógico, Paulo Freire desenvolveu método popular de alfabetização de adulto articulado com conscientização política[22]. O movimento estudantil, especialmente na expressão da UNE, assumia com decisão as bandeiras nacionalistas em perspectiva libertadora. Os estudantes contribuíram para a fundação de Centros Populares de Cultura, em vista de desenvolverem amplo trabalho de conscientização dos próprios colegas estudantes e do povo em geral. Criou-se a figura do artista engajado, revolucionário. Faziam representações teatrais às portas das fábricas, nas favelas, nas associações de bairros, nos sindicatos com intuito político. Fervia clima libertário no campo político e cultural, ao lado da reação violenta da burguesia com golpes atrás de golpes (Argentina, Brasil, Uruguai, Chile, etc) e crescente onda repressiva, sustentada pela Ideologia da Segurança Nacional[23].

Húmus fértil para teologia crítica e libertadora. E isso aconteceu porque a Igreja, naquele momento, se inserira em tal contexto com abertura social, provocada especialmente por causa do clima criado no pontificado de João XXIII com as duas encíclicas: *Mater et magistra* e *Pacem in temis*, em seguida confirmada pelo Concílio Vaticano II na Constituição Pastoral *Gaudium et spes*. E posteriormente Paulo VI reafirmou-a com a encíclica *Populorum progressio*. Coincidentemente na Igreja do Brasil existia pequeno, mas ativo, grupo de bispos socialmente progressistas. D. Hélder era o líder maior. Teólogos assessores da Ação Católica, o Movimento de Educação de Base (MEB), o Movimento de Natal, o início das comunidades eclesiais de base, a difusão dos círculos bíblicos populares permitiram que três ingredientes se entrelaçassem e gestassem teologia colada a essa realidade: contacto com a situação real de opressão e de movimentos de libertação, presença crítica e aberta da Igreja em ampla escala e um grupo de pensadores que trabalhavam esse encontro.

Completando o quadro eclesial, a Conferência dos Bispos em Medellín selou tal nascimento.

Diga-se de passagem, sem diminuir a relevância e originalidade da TdL, que na Europa tinham surgido teologias crítico-sociais, em busca da criação de sociedade justa e fraterna no pós-guerra. Queria-se retirar a Igreja do nimbo fechado da pura reflexão acadêmica, para trazê-la para o campo da política. O programa da teologia política de J. B. Metz pretendeu superar criticamente a privatização tendencial do núcleo da mensagem cristão, que reduzira a prática da fé a decisões de nível puramente pessoal. Instaurou uma reflexão segunda sobre a relação entre religião e Estado, como corretivo crítico, desprivatizando o mundo conceitual teológico, a linguagem da pregação e da espiritualidade, recuperando a mensagem escatológica nas condições da sociedade atual. E nesse movimento de desprivatização da fé, da linguagem teológica, atingiu o papel da Igreja, pensada, então, como uma instituição da liberdade crítico-social diante da sociedade[24].

Estavam postas as condições sociais, eclesiais e teológicas para que a obra de Gustavo Gutiérrez irrompesse como novo programa. Amplia o conceito de libertação, forjado na fábrica sociopolítica, para o nível antropológico, histórico e teológico. Depois de ele reconhecer o papel da teologia como sabedoria e saber racional, assume-a como "reflexão crítica da práxis histórica à luz da Palavra", não substituindo as anteriores, mas supondo-as e delas necessitando[25]. Esta implica conhecer a realidade social que necessita de libertação e para isso usa instrumentos socioanalíticos estruturais tais que permitam perceber a razão de tal situação conflituosa. Importa-lhe adentrar teoricamente nos movimentos de libertação, captando-lhes a dinâmica, as possibilidades e os impasses. Pergunta fundamentalmente em que a revelação cristã tem a ver com essa dupla realidade. A resposta produz tanto nova reinterpretação da revelação quanto outra leitura da realidade, agora iluminada pela fé. Favorece então o processo de libertação com a contribuição específica da fé, não política, mas de alcance político. Essa intuição central provocou nova metodologia teológica.

II. MÉTODO DA TEOLOGIA DA LIBERTAÇÃO

Toda metodologia, por mais objetiva e científica que queira ser, parte de opções, de crenças que escapam da pura cientificidade. Estas são movidas por convicções, por valores, por experiências. Acontece que muitas ciências não denotam, não confessam tais pressupostos, envolvendo todo o conjunto no mito da cientificidade.

A TdL confessa, desde o início, a opção central, a experiência fundante, o valor determinante, a convicção nuclear, a saber, a experiência teologal, transcendental de Deus e da pessoa, vida, mensagem e prática de Jesus que manifestam inquestionável preferência pelos pobres. A experiência fundante, transcendental de Deus da TdL consiste em perceber na realidade humana dos pobres a face do ser de Deus e de seu projeto salvífico. Deus se autocomunica à liberdade humana na realidade que escolhe, manifestando nela presença salvífica, sem perder naturalmente o caráter de absoluta transcendência e mistério. O Deus da revelação biblicocristã se manifesta na história. E Jesus significou o vértice escatológico de tal revelação, ao assumir a humanidade. Deus demonstrou infinita compaixão por Israel, povo pobre e oprimido, ouvindo-lhe o grito (Êx 3, 7-8). Nele escutou o clamor de todos os pobres de todos os tempos. E Jesus mostrou-o de maneira exemplar, ao escolher viver como pobre, com os pobres, e dedicar-lhes inegável predileção, a ponto de identificar-se com eles ((Mt 25, 31-46). A longa tradição eclesial confirma tal opção de tal maneira que a TdL simplesmente se vincula ao que há de mais genuíno na fé cristã.

Ela propôs-se também outro projeto no sentido da "libertação da teologia", formulado pelo teólogo jesuíta uruguaio J. L. Segundo[26]. Consiste em desideologizar os conceitos e concepções de Deus, graça, pecado, Igreja, etc. presentes nas teologias em curso, para que toda a teologia seja libertadora e não prenda os fiéis nas malhas de seus conceitos. Por trás existe a suspeita ideológica de que os conceitos teológicos carregam elementos culturais das classes dominantes. Pois "as idéias dominantes são as idéias das classes dominantes" (K. Marx). Cabe, portanto, purificação ideológica da teologia.

Concluindo a intuição fundante da TdL: o pobre é colocado no centro da reflexão teológica como objeto material – tema – e formal – perspectiva –, no sentido de preocupação principal, movente último. Constrói-se uma teologia que não cristalize conceitos das classes dominantes, mas sirva à libertação dos pobres.

A monumental obra de Clodovis Boff serviu para a consolidação metodológica da TdL[27]. A intuição central que a preside consiste em determinar com que mediações a TdL trabalha. Por mediação entende a ponte teórica entre a realidade humana histórica e o conhecimento propriamente teológico, proporcionando a este elaboração científica da realidade humana histórica.

Como estabelecer a ponte com a realidade social? Empregando as mediações socioanalíticas (MSA), a fim de superar a abordagem ingênua do real ou do simples sentido comum, normalmente marcado por interesses ideológicos dominantes. As MSAs gozam de autonomia da natureza do seu próprio saber. No entanto, não se isentam de interesses, pairando no nimbo neutro da ciência.

Antes, refletem visões da realidade. A TdL seleciona então aquela MSA que mais condiz com os interesses dos pobres, a saber, aquela que desvenda a origem da opressão, do conflito, da exploração. Situa-se na perspectiva dialética.

A interpretação da realidade pela via analítica constitui momento pré-teológico, mas não desconhece a convicção teologal de que Deus fala por meio do real. O acesso a ele permite captar o desígnio de Deus. A teologia intenta tal pretensão. Só se entende o uso de categorias da análise marxista à medida que elas desocultam a raiz de dominação de classes, contrária à opção teologal pelos pobres. A motivação da escolha se faz à luz da fé evangélica, embora com alcance ideológico. Aproveita-se de tal análise para perceber melhor a lógica do sistema capitalista enquanto gera antivalores como desumanidade no desenvolvimento das forças produtivas, injustiça na apropriação da mais-valia e irracionalidade pelo desperdício, segundo análises marxistas[28].

Em momento ulterior hermenêutico, a TdL assume a tarefa especificamente teológica. Acontece duplo jogo: a revelação ao ler a realidade social, interpretada pelo instrumental socioanalítico escolhido, capta dimensões libertadoras e a realidade, por sua vez, se ilumina pela Palavra libertadora de Deus, produzindo verdadeira TdL. Oferece resposta teológica libertadora à realidade de opressão, de pobreza, de injustiça, movida por anseios libertários. O cristão percebe então como pensar e viver cristãmente em continente de opressão e libertação.

O terceiro passo caracteriza-se como "momento da práxis". Devolve-se a reflexão teológica à prática do cristão para iluminá-la e assim denunciar o anti-Reino e anunciar na história a presença do Reino de Deus.

Em resumo, temos a teologia das quatro preposições. **Teologia da práxis**: as perguntas que se fazem à Palavra de Deus vêm da prática pastoral de Igreja comprometida com a libertação em contexto de dominação e, portanto, as respostas terão novidade. Não porque a Palavra de Deus seja outra, mas porque a pergunta e a situação são novas.

Teologia para a práxis: as reflexões teológicas visam a ajudar aos cristãos comprometidos, às comunidades engajadas a terem mais clareza na sua fé no interior do compromisso. É serviço à fé de tais pessoas.

Teologia na práxis: só é possível fazer teologia com um mínimo de presença a essa situação de compromisso. O teólogo (não a teologia) deve ser pessoa engajada.

Teologia pela práxis: o resultado teológico pode e deve ser julgado e criticado pelas comunidades e pessoas engajadas na práxis. A práxis se torna critério de crítica da Teologia. Não único, porque sempre vale o critério maior de fidelidade à Escritura e à Tradição da Igreja. Mas Escritura e Tradição, reinterpretadas numa situação concreta, são julgadas também pela prática das pessoas envolvidas no processo de libertação.

Portanto, a TdL é uma reflexão da prática pastoral de cristãos ou não, empenhados no processo de libertação à luz da Revelação, em vista de uma prática coerente com a mesma revelação e com a finalidade libertadora[29].

A TdL consolidou-se na produção temática com ampla e diversificada publicação, especialmente com o lançamento da coleção Teologia e Libertação[30]. Firmaram-se consensos em torno do método, da originalidade dessa teologia oriunda da periferia política e eclesial, mas que assumiu dimensão universal e permanente.

Respondendo, em artigo mais recente, que sobrara da TdL, Jon Sobrino resume: "Fazer dos pobres e das vítimas um lugar teológico no qual se auscultam os sinais (dos tempos) e a partir do qual as fontes da teologia dão mais de si, e sobretudo facilitam descobrir a correlação transcendental entre Deus e pobres"[31].

O processo de solidificação da TdL não se está a fazer em céu de brigadeiro, mas borrascoso. Os embates vieram e continuam vindo de dentro da Igreja e da sociedade.

Na Igreja, dois grupos se manifestaram. Críticos independentes não lhe tiraram totalmente o tapete, mas fizeram ponderações pontuais sobre o método, o conceito de práxis, o risco de subordinar a Palavra de Deus a uma instância da prática, o uso ingênuo do marxismo, a insistência sobre as transformações sociopolíticas em detrimento da absoluta transcendência da revelação, etc. Outros armaram combate contundente para destruí-la radicalmente, movendo céus e terras nas diversas instâncias da Igreja, a fim de condenar-lhe o conjunto teológico e os seus principais expoentes. Investida que prossegue até hoje. Moveram-se processos contra vários teólogos dessa tendência, como Leonardo Boff, Gustavo Gutiérrez, Carlos Mesters etc. Ultimamente a Congregação para a Doutrina da Fé exarou uma Notificação contra o teólogo Jon Sobrino em que se afirma que "as mencionadas obras do P. Sobrino apresentam, em certos pontos, notáveis divergências com a fé da Igreja", contêm "proposições errôneas", "não conformes à doutrina da Igreja"[32].

Essa mesma congregação produziu dois documentos sobre tal teologia. Um primeiro altamente negativo que teve fortes repercussões[33]. A TdL não se sentiu nele retratada e as condenações passaram-lhe à margem. A modo de corretivo, saiu outro documento matizado, mostrando a relevância da temática da libertação[34] e o Papa João Paulo II escreveu uma Carta ao episcopado do

Brasil em que afirma com clareza a relevância de tal teologia, que é "não só oportuna, mas útil e necessária. Ela deve constituir uma nova etapa – em estreita conexão com as anteriores – da reflexão teológica iniciada com a Tradição apostólica..."[35].

No âmbito da sociedade, a fúria contra a TdL assumiu formas assassinas. Regimes militares de vários países do Continente, orquestrados pela política externa norte-americana, por meio da Ideologia da Segurança Nacional, exerceram controle e perseguição à Igreja da libertação e dentro dela aos fautores da TdL. Se lhe foi momento tenebroso de sofrimento e de morte, à luz do mistério pascal se lhe tornou experiência luminosa de martírio. Uma Igreja e uma teologia que contam, no seu seio, muitos mártires fazem jus à etimologia de "mártir" – testemunha –, manifestando maravilhoso testemunho de graça.

Passaram-se os anos. A conjuntura sociopolítica, eclesial e teológica sofreu profunda transformação. Mais que perguntar o que sobrou da TdL, cabe refletir sobre que inflexões ela sofreu pela força dos eventos.

III. INFLEXÕES NO HORIZONTE UTÓPICO

Situação presente

Embalaram a TdL sonhos utópicos e forte impulso escatológico. Entendeu-se com a missão de denúncia do presente e anúncio de futuro promissor, máxime para os pobres. O teólogo alemão J. Moltmann com o estudo sobre a esperança influenciou-lhe os primórdios[36]. Povoava-lhe a utopia de sociedade e humanidade novas, sempre em construção e nunca realizadas. Distinguia as utopias, que as ideologias políticas apresentavam, do projeto do Reino de Deus que guarda dimensão escatológica. As utopias pretendem realizar-se na história. A escatologia percebe, em certas utopias, antecipações presentes do que ela anuncia para além da morte. A utopia inicia aqui na história o que a escatologia completa e plenifica por ação livre gratuita de Deus para dentro da eternidade.

A TdL percebeu no socialismo elementos utópicos que ensaiavam a plenitude de humanidade e fraternidade para onde caminhamos escatologicamente, sem nunca identificar com ele a realização do Reino.

O colapso do socialismo produziu dois efeitos nefastos para a TdL. Tirou-lhe elementos utópicos nos quais discernia a presença do Reino. E lançou as condições sociais da hegemonia solitária do neoliberalismo, piorando a situação dos pobres. Reforçou o movimento já de décadas que anunciava a morte das utopias[37], agravando a crise da razão ocidental e alimentando a cultura pós-moderna.

Em vez de pensar o futuro, que se entenebrecia, concentraram-se as atenções no presente de prazer, de consumo, oferecido pela sociedade capitalista avançada. A sociologia cedeu espaço para a antropologia, psicologia, mística. O pensamento lógico e estruturado se fragmentou com a entrada triunfante da globalização e da "missa solene midiática", na expressão de J. Cl. Guillebaud[38]. Respirava-se de preferência clima de melancolia, de relativismo em face de verdades fortes e éticas consistentes. Seguiu-se a perda das convicções e compromissos. Sem rebuços, defendeu-se o fim da história[39], que implica também o fim da ética. Se não existe amanhã, não assumimos nenhuma responsabilidade diante do que fazemos hoje. Esvai-se a ética.

Era contexto extremamente hostil e refratário à TdL que aposta no futuro, na ética em benefício dos pobres, em ensaios utópicos de fraternidade, solidariedade. Restaram experiências libertárias esparsas. Como a TdL se compreende em tal contexto?

Reapropriações utópicas

Só existe espaço para utopias críticas, realistas e plurais, já não mais articuladas a partir do princípio único e unificador da libertação dos pobres, como fez a TdL no momento anterior. Cabe reinventar processo emancipador, histórico e crítico desde as vítimas, na linguagem de Jon Sobrino[40], aceitando a pluralidade e a construção de uma ética a partir de baixo.

O Fórum Social Mundial de Porto Alegre formulou tal proposta: "Um novo mundo é possível", convocando todas as forças vivas do mundo em esforço coletivo na construção de sociedade alternativa ao capitalismo neoliberal. Vem-lhe em auxílio a enorme energia que o cultivo da espiritualidade tem mobilizado em todas as partes.

INFLEXÕES NAS MEDIAÇÕES E NOVO PARADIGMA

A TdL submeteu-se a séria autocrítica em relação aos limites das mediações socioestruturais marxistas com a gigantesca crise do socialismo teórico e com o desmoronamento dos regimes do Socialismo real. A força histórica dos pobres[41] sofreu tais derrotas que ficou desacreditada. Partidos socialistas, que ocuparam o poder em vários países, terminaram por capitular-se diante do neoliberalismo reinante. Apostara-se no sandinismo, que sofreu fragorosa derrota por causa de corrupção interna, e a quase totalidade dos movimentos revolucionários foi erradicada pelo poder repressor de Estados militares. H. Assmann, teólogo da libertação da primeira hora, confessa as suas ingenuidades e enganos. "No rol dos pressupostos ingênuos, eu situaria ainda três outros ledos engano: não fui o único a acreditar que realmente havia/haveria uma 'Igreja dos Pobres'; também eu me encantei com a miragem da 'emergência do sujeito histórico popular'; e – em parte por insuficientes leituras sobre evolução, etologia (a ciência dos comportamentos animais e humanos) e história da estupidez e da crueldade humana – supunha-se que as mudanças éticas, sociais e espirituais poderiam contar com uma espécie de pendor natural dos humanos para a convivência solidária [...] Hoje me é claro que os humanos não somos naturalmente solidários com o conjunto da espécie"[42].

A Igreja católica recuou em vários países da América Latina em relação à experiência das comunidades eclesiais de base, nas pastorais sociais, na vida consagrada inserida em meios populares.

Em substituição ao surto libertador de corte socialista, surgiram movimentos sociais transclassistas, transculturais e transétnicos, com as bandeiras da ecologia, do gênero, da etnia, da religião, da paz e do desarmamento. Além disso, assistiu-se à explosão do sagrado. No Brasil, ocuparam o cenário outros movimentos, que guardaram autonomia, como MST, em relação ao universo libertador anterior.

A TdL ampliou o leque de análise da realidade, abandonando a exclusividade socioanalítica estrutural para o campo da etnia, do religioso, do gênero, da ecologia, da paz, da religião, da mística, de causas humanitárias. A base do fato para sustentar a TdL alargou-se vastamente.

Tal mudança produziu o nascimento de novas teologias no interior da TdL: teologia negra, teologia índia, teologia feminina, teologia ecológica. Persiste em todas elas a resistência à pós-modernidade saturada e rica do Norte. Trouxeram para dentro da TdL novos problemas. Assim as teologias negra e indígena desenvolveram a temática da inculturação e reformularam em atitude positiva a experiência do sincretismo no uso de ritos ancestrais, da cosmovisão religiosa, espiritualidade e mística africanas e indígenas[43].

Nos últimos tempos, o diálogo inter-religioso impôs-se como questão imperativa[44]. Constatou-se crescente perda da hegemonia católica no mundo religioso com a proliferação das igrejas pentecostais e neopentecostais. Os dados estatísticos assustam[45]. Hoje já pertence à consciência do católico médio que o universo religioso brasileiro não se define pela Igreja católica. A imensa maioria das famílias católicas conta com algum membro evangélico. E devido ao zelo proselitista de tais igrejas, elas tendem a crescer rapidamente. Até então retiravam membros do quadro católico. Pesquisa mais recente altera os dados[46].

O maior luminar teológico do Brasil, Leonardo Boff, nos últimos tempos, tem dedicado consistente esforço teórico para inserir a problemática ecológica para dentro da TdL. Tornou-se programático o título de uma de suas obras: "Grito da Terra – Grito dos Pobres"[47]. Anuncia o surgimento de novo paradigma. Em dissertação sobre ele, Paulo A. Nogueira Baptista denomina o novo paradigma de L. Boff de "teoantropocósmico"[48].

Esse novo paradigma nasce do entrelaçamento de conhecimentos científicos – nova cosmologia, ecologia, mecânica quântica, nova biologia, psicologia transpessoal –, filosóficos e teológicos. Nele se elabora compreensão ampla de vida, em profundo diálogo com o ambiente, usando o conceito "autopoiese" de Maturana e Varela[49], e autocriação, auto-organização da própria matéria[50]. No centro está a ecologia, entendida como "relação, inter-relação e dialogação de todas as coisas existentes (viventes ou não) entre si e com tudo o que existe, real ou potencial"[51]. L. Boff denuncia, como bom teólogo da libertação, o paradigma da modernidade naquilo que tem de materialista, mecânico, linear, dualista, reducionista, atomístico e compartimentado, de natureza patriarcal, androcêntrico. Cinde dualisticamente as relações material e espiritual, natureza e cultura, ser humano e mundo, razão e emoção, feminino e masculino, Deus e mundo. Fragmenta e segmentariza os saberes. Revela ser humano sedento de poder, subjugando a natureza, ao explorá-la até a exaustão.

Ele anuncia, por sua vez, o novo paradigma ecológico, quântico que pretende superar o dualismo, valorizando a religação, a dialogação, a articulação, a busca de unidade e o trânsito entre os pólos. De maneira sucinta, resume: "Tudo o que existe coexiste. Tudo o que coexiste preexiste. E tudo o que coexiste e preexiste subsiste através de uma teia infindável de relações omnicompreensivas. Nada existe fora da relação. Tudo se relaciona com tudo em todos os pontos"[52]. O universo constitui-se de complexíssima rede de relações em todas as direções e em todas as formas. Tudo está relacionado com tudo e em todos os seus pontos.

Trata-se de paradigma holístico, sistêmico, inclusivo, panrelacional, comunial e espiritual que articula em três eixos outra visão de mundo: "A sustentabilidade ecológica da Terra e das sociedades, baseada numa nova aliança de fraternidade/sororidade para com a natureza entre os seres humanos; e a diversidade biológica e cultural, fundada na preservação e no respeito a todas as diferenças e na acolhida e no desenvolvimento de todas as culturas; a participação e a comunhão nas relações sociais e nas formas de governo, inspiradas na democracia, entendida como valor universal a ser vivido em todas as instâncias (família, escola, sindicatos, igrejas, movimentos de base e Estado) e com todo o povo"[53].

Na criação de tal paradigma, as religiões descobrem sua responsabilidade social. E o cristianismo pretende ser "universalizável", de corte libertário, como rede de comunidades, benfazejo à planetarização pelo vigor da mensagem de Jesus. Assume a missão de colaborar na criação de sociedade solidária, de cultura multiétnica e multirreligiosa na América Latina, por meio da práxis do diálogo inter-religioso. Enfim, na posição de Leonardo Boff, a TdL encampa a virada cósmica, ecofeminista e inter-religiosa.

ONDA CARISMÁTICA

TdL, onda carismática e religiosidade popular

A TdL nasceu em momento de confronto de forças progressistas com grupos conservadores e até reacionários no campo social e eclesial. A ameaça vinha de fora, do poder e de sua capacidade destrutiva. A conseqüência foram os mártires e a perseguição surda no interior da Igreja. Esse momento não fechou totalmente o ciclo. Recentemente, em março de 2007, ainda assistimos à condenação de Jon Sobrino, um dos teólogos da libertação de maior prestígio, por parte da Instância romana doutrinal mais alta[54]. Não se configura, porém, situação semelhante à das décadas de 1970 e 80. A posição romana se move por outra inspiração que a direta condenação da TdL, mas esta faz parte de política conservadora geral de restrição à liberdade doutrinal, como se viu no documento da mesma congregação sobre a vocação eclesial do teólogo[55].

O embate da TdL vem também de dentro de movimentos carismáticos e espiritualistas. A natureza do choque procede de outra perspectiva e acontece diferenciadamente. O surto carismático constitui-se verdadeiro fenômeno cultural e penetra as diversas instituições. Nenhuma realidade escapa de sua influência[56].

Em relação à TdL, ele produziu duplo efeito paradoxal. De um lado, enriqueceu-a, despertando-a para a dimensão espiritual. Produziram-se excelentes obras de espiritualidade militante e libertadora como resposta positiva e não polêmica às críticas do setor carismático[57]. A pastoral libertadora assumiu certa alegria. Articulou festa e práxis[58], uniu pão e beleza, na feliz expressão de Frei Betto[59]. Neste sentido, a TdL demonstrou que não era materialista, nem imanentista, e sim que se fundava na experiência teologal de Deus nos pobres.

Doutro lado, a tendência carismática diminuiu a atenção social de segmentos da Igreja. Atribuiu à Igreja da libertação certa culpa da sangria de católicos para as igrejas pentecostais e neopentecostais e resolveu disputar terreno com elas, usando armas semelhantes. Assim pensava dar resposta condizente ao momento presente de forte traço espiritualista, julgando que o tempo da TdL tinha passado.

Conexa com tal questão, está a atual postura da TdL em face da religiosidade popular. Esta vem sendo infiltrada pela onda pentecostal, especialmente evangélica. A TdL, num primeiro momento, manteve certa desconfiança a seu respeito. Leitura ideológica, de toque marxista, temia que ela cumprisse função alienante. Em vez de permitir que as classes populares assumissem postura crítica e revolucionária diante das injustiças sociais, produzia atitude de acomodação. Mas já a partir do final da década de 1970 houve teólogos que lhe trabalharam a força libertadora, pondo-se em posição de quem aprende da própria religião do povo, superando preconceitos iluministas. Perceberam nela inúmeros valores religiosos e riqueza simbólica.

Atualmente a questão se põe por causa da entrada massiva de igrejas pentecostais e neopentecostais que trabalham a religião na linha da terapia de massa por meio de exorcismos, sessões de cura, soluções de problemas imediatos pela via do milagre, do alívio. Para muitos, tais igrejas aparecem como libertadoras, arrancando as pessoas dos vícios, da indignidade humana e recuperando-lhes a confiança em si.

Desafiam a TdL a pensar e articular diversos aspectos da ação "libertadora" das igrejas neopentecostais. Positivamente cabe discernir a experiência autêntica do mistério de Deus em todas as situações de miséria e de cura. A prática de Jesus nos traz muitas luzes. Em seguida, importa denunciar dois riscos: a magia e a exploração econômica por parte de pastores da ingenuidade e pureza do povo. E se deve finalmente oferecer pastoral libertadora no interior da religiosidade popular, desvelando-lhe o potencial de compromisso e transformação da realidade aí presente.

GRITO DOS POBRES

A TdL não abre mão, de modo nenhum, da opção central pelos pobres. Grito teologal e ético. É-lhe ápice e fonte de vida. Segue fiel inegociavelmente à linha de Medellín, quando se assumiu o pobre como critério hermenêutico de interpretação da Escritura e da Tradição, se lhe percebeu o poder evangelizador e questionador da vida do fiel e do conjunto da Igreja. A situação escandalosa da pobreza num Continente cristão assumia a forma de verdadeiro pecado social a pedir conversão e solidariedade com a causa do pobre.

A TdL manteve a clareza de que as adjetivações que se apuseram ao termo opção deveriam ser bem interpretadas para não a enfraquecer. Tornou-se consciente da necessidade de aprofundar as diversas formas de opressão: socioeconômica, cultural, étnica, religiosa, da mulher, da criança, da natureza.

Avançou-se na compreensão de pobre por força das transformações impostas pelo atual estádio do capitalismo neoliberal. Gustavo Gutiérrez o formulou de modo expressivo: "Hoje percebemos cada vez mais claramente o que está em jogo em tal situação: *a pobreza significa morte;* morte provocada pela fome, pela doença ou pelos métodos de repressão empregados por aqueles que vêem seus privilégios ameaçados diante de qualquer esforço de libertação dos oprimidos"[60]. "Morte antes de tempo"[61], morte física, "morte cultural porque em uma situação de opressão se vê destruído tudo o que dá unidade e força aos desprovidos deste mundo"[62]. Destruição das pessoas, dos povos, das culturas, das tradições. Está em jogo, portanto, a defesa da vida em todas as dimensões. Daí a importância da consideração antropológica do pobre na maneira de ser, de dispor do tempo livre, de construir amizade, de rezar, de pensar, de falar[63].

Tanto mais dramática se torna tal situação quanto mais cresce a multidão numérica dos pobres e a sociedade se sofistica na produção de bens para minoria altamente consumista, hedonista, cínica, narcisista, céptica. A Igreja da libertação sobressai como uma das poucas instituições de peso internacional que oferece esperança, compaixão e cuidado aos pobres. Do lado do sistema, o mercado, a maior força da atualidade, os exclui terrivelmente.

TEOLOGIA E ECONOMIA

A TdL dirige duplo olhar para a situação econômica. Vê-a como ponto de partida e de perguntas a serem reelaboradas à luz da revelação. E percebe também como ela se mascara com linguagem religiosa que necessita ser decodificada e criticada. O sistema capitalista criou verdadeira religião econômica. Em vez de gerar ateísmo, como fez desastrosamente o socialismo, nutriu real idolatria de corte sacrificalista, sem transcendência. Oferece sonhos e desejos religiosos de salvação pela abundância de bens de consumo.

O socialismo delineara a salvação na sociedade comunista da igualdade. Fracassou. Agora o neoliberalismo retoma mais fortemente a tese da promessa da felicidade para a humanidade por obra da trindade do capital (Pai), do mercado (Messias) e da livre iniciativa (Espírito) que se concretiza no consumismo diversificado e infinito, numa sociedade do prazer. Isto acontece para alguns na realidade e no sonho e na ilusão para todos. Em nome dela, ele demoniza os opositores.

A TdL desmascara tal perversão teológica, ao criticar e denunciar a globalização econômica neoliberal que produz aumento da pobreza, do desemprego, massivas migrações internas e externas de populações. Anuncia, mais uma vez, o Deus da vida e dos pobres, estimulando a globalização da solidariedade, fundada na consciência planetária libertadora a partir dos países e camadas pobres. Aponta para a experiência do Fórum Social Mundial, iniciado em Porto Alegre em 2001, como fonte de reflexão e irradiação utópica. Nele agitaram-se temas que fazem parte do *kit* da TdL: o princípio do futuro, o pensamento plural, a resistência e alternativa ao atual modelo de desenvolvimento, o novo internacionalismo, o acesso de todos os povos às riquezas, a sustentabilidade do desenvolvimento, outro tipo de democracia a partir da sociedade civil nos espaços públicos, a desmilitarização do mundo sem guerra, estratégias para enfrentar o Império, a reação à homogeneização do imaginário pela mídia internacional. E tal acontece a partir do Deus da vida e dos pobres, princípio hermenêutico fundamental para a relação da TdL e a economia e a sociedade.

JESUS e REINO DE DEUS e IGREJA

A cristologia constituiu-se desde o início a menina-dos-olhos da TdL. Com a admoestação grave feita a Jon Sobrino pela Congregação para a Doutrina da Fé, a temática subiu ao proscênio. A TdL permaneceu firme na opção por uma cristologia a partir da humanidade (de baixo) e não a partir da Transcendência do Verbo (de cima). Fez o itinerário da passagem do Jesus do dogma para o Jesus histórico e deste para o Cristo-Pneuma. Por ser tema cristológico com ampla repercussão sobre a eclesiologia, tem provocado reações de críticas e condenações.

Leonardo Boff formulou, nos idos de 70, os parâmetros principais de tal cristologia, ao afirmar a primazia do elemento antropológico sobre o eclesiológico; do utópico sobre o factual; do crítico sobre o dogmático; do social sobre o pessoal; da ortopráxis sobre a ortodoxia[64].

Outros traços fundamentais caracterizam tal cristologia: centralidade do Reino, o seguimento de Jesus, o realce à práxis de Jesus, a presença do Espírito Santo na vida, mensagem e atuação de Jesus. Com efeito, a realidade do "Reino de Deus é o horizonte objetivo e estrutural do que é preciso fazer e o seguimento é a forma de viver"⁶⁵. O seguimento se constitui categoria epistemológica e chave hermenêutica, já que a cristologia se torna inteligível no momento em que se faz "real o que existe no conceito". Num continente de excluídos e vítimas da história, a cristologia põe a questão fundamental da continuidade da prática de Jesus por meio do seu seguimento, que é o "lugar por excelência da fé"⁶⁶.

A repercussão sobre a eclesiologia se fez sentir, ao pensar a experiência das CEBs como verdadeira eclesiogênese, reinterpretando radicalmente o poder e o ministério na Igreja e compreendendo a Igreja a modo de rede de comunidades de partilha de fé, de sacramento, de vida nos diversos cortes sociais em resposta aos anseios espirituais atuais. Os pobres se tornaram instância crítica interna da Igreja. Propugnou-se uma Igreja dos pobres em abertura ecumênica. E as CEBs estavam na base. Estabeleceu-se a distinção entre Igreja com CEBs e Igreja de CEBs. Pelo menos no Brasil, praticamente em todas as dioceses existem CEBs. Todas são Igrejas com CEBs, como os Encontros Intereclesiais e pesquisas o demonstram⁶⁷. As Igrejas de CEBs seriam aquelas em que as CEBs se constituem princípio estruturante⁶⁸. A diferença consiste fundamentalmente em que o poder central da matriz, consubstanciado no pároco, cede lugar para coordenações compostas pelos animadores das CEBs, escolhidos para determinado tempo pelos membros das comunidades. A paróquia se transforma em rede de comunidades sem nenhum centro hegemônico. A TdL pensa a Igreja de CEBs como o horizonte para onde a Igreja com CEBs caminha, sabendo que o modelo do futuro será altamente plural com as pastorais e com a crescente presença de movimentos e novas comunidades.

CONCLUSÃO: CRÍTICAS E PROSPECTIVAS

O balanço final reúne críticas e prospectivas. Deixando de lado as críticas fantasiosas, arbitrárias e pertencentes a passado remoto, as principais vêm da enorme mudança social das últimas décadas. Clodovis Boff assinala o deslocamento do social para o cultural⁶⁹. Por mais que a TdL tenha já entrado no campo cultural, guarda a tradição socioanalítica dos inícios e atribui importância à mudança estrutural do sistema econômico. Requerem-se novos instrumentais de análise da realidade que o antigo marxismo já não oferece. Não se aceita mais a demonização do mercado, do capitalismo, do desenvolvimento tecnológico, da globalização.

A força histórica transformadora dos pobres mostrou-se mais mito que realidade para sustentar uma teologia. Cada vez mais se passa da situação de pobres para a de excluídos e, talvez pior, de desconhecidos invisíveis. Já não contam para um sistema que funciona sem eles, nem os quer. O conceito de práxis libertadora sofre de encurtamento e unilateralismo.

A TdL ressuda utopia. Quando se anuncia a morte da utopia, não se deseja sua volta, porque ela é acusada de ser fonte de violência e totalitarismo. E a TdL envolveu-se com tal companhia. A militância ligada à TdL descuidou as dimensões subjetivas, afetivas e espirituais, produzindo endurecimento dos agentes de pastoral. Mais grave é a crítica ao reducionismo hermenêutico e empobrecedor da Palavra de Deus, minando-lhe a transcendência.

As críticas são provocações e desafios, que abrem novas perspectivas. O futuro da TdL depende de sua relação com a questão da vida em perspectiva diferente da concentração nos aspectos morais. Está em jogo o destino dos pobres – continentes, países, classes e pessoas. Cabe à TdL vinculá-lo com o futuro da própria humanidade, não só sob o aspecto puramente de sobrevivência física, mas da ética. Como viver humanamente em sociedade construída sobre a ruína ética? O ser humano não resiste contrariar os ditames da sua consciência grave e permanentemente. E a existência massiva dos pobres atesta-lhe a enormidade do delito ético.

A obra de Leonardo Boff vem mostrando, como se disse acima, a amplitude e relevância da problemática ecológica. Implica deslocamento da preocupação principal em relação ao futuro, já não simplesmente das Igrejas, mas da própria humanidade. A Campanha da Fraternidade de 2007 sobre a Amazônia serviu de pequeno exemplo, em termos de Brasil, da enorme repercussão que tal temática tem mostrado em largos ambientes da população.

O diálogo ecumênico, inter-religioso e o confronto com o fenômeno religioso em toda a abrangência abrem à TdL perspectiva de marcar presença no front teológico, a partir de experiências próprias do nosso Continente de fortes traços afro-indígenas e de abertura às culturas.

A cultura pós-moderna impõe a tirania do prazer[70], erige o altar da felicidade, atribui crescente interesse pelo lúdico e pelo culto do próprio corpo. A TdL apenas tangenciou tais questões. Certamente terá palavra diferente a dizer, sem o ranço do maniqueísmo nem a capitulação em face das propostas hedonistas.

Finalmente, o destino da TdL se vincula estreitamente aos pobres. Ela não precisa de defesa, como diz D. Pedro Casaldáliga, "porque se defende por si mesma enquanto haja Deus dos pobres e Evangelho de Jesus e Igreja samaritana"[71]. Ela clama hoje como os profetas do Antigo Testamento: "Escuta Igreja, os pobres são os amados de Deus e sofrem opressão por parte do Estado e da Igreja". Propõe-se a repensar a fé, a Igreja, a teologia, porque existem os pobres, a injustiça e sonha com a justiça, fraternidade e igualdade. O sinal maior que lhe exigem as energias da inteligência são os povos historicamente crucificados. E deixa aberta a pergunta até hoje sem resposta: "Por que existem os pobres e a injustiça e não irmãos vivendo em justa fraternidade?"

DIÁLOGOS RUMO A UMA TEOLOGIA PASTORAL CONSEQÜENTE

Jonas Rezende e *Edson Fernando de Almeida*

ESCOLHENDO UM CAMINHO

Eles estavam jantando com uma preocupação especial. O prazo para apresentarem um artigo à Mauad Editora estava chegando ao fim e até aquele momento não haviam escolhido o caminho que deveriam seguir. Não se tratava de desinteresse nem desconhecimento do assunto. Afinal, eles mesmos se apresentaram voluntariamente para a tarefa, e agora se sentiam como que travados. O vinho foi aberto e o brinde, proposto. Depois baixou um silêncio constrangedor até que um deles, finalmente, ousou falar:

Jonas Rezende: – Você está cansado de saber, Edson, que considero um privilégio trabalhar novamente com você, especialmente nessa tentativa de mergulharmos na proposta do artigo e assim aprofundar a nossa própria compreensão de uma Teologia Pastoral conseqüente. De repente, enquanto você ainda formulava o seu brinde, me ocorreu lhe propor um caminho para desenvolver a nossa incumbência, que parece emperrada na introdução.

Edson Fernando: – E por que não tomamos o caminho de nosso trabalho anterior? O livro que surgiu como um fruto daqueles encontros semanais durante dois meses parece que está fazendo uma carreira bonita, já esgotou a primeira edição... Sei que você pensa assim também e não entendo o porquê de nosso imobilismo.

Jonas: – Mas isso não me impede de propor agora alguma inovação. Que tal usarmos a forma que Platão utilizou para divulgar boa parte de sua filosofia? Estou pensando particularmente nos instigantes *Diálogos* do mestre de Atenas, que sempre me estimularam a conhecer seu pensamento, de forma mais simples e agradável. Uma experiência bem posterior nos mostra também o interlocutor imaginário de Freud em *O futuro de uma ilusão*.

Edson: – Mas você não acha que quando duas pessoas escrevem juntas o mesmo livro, já estão envolvidas em uma forma de diálogo?

Jonas: – É claro que sim, acho que posso, no entanto, me explicar melhor. Talvez se aceitássemos um diálogo mais explícito, uma espécie de pingue-pongue que libertasse mais facilmente as idéias, como agora estamos fazendo... É bem possível que a gente conseguisse apresentar melhor os pontos de vista particulares e as posições de consenso quanto à proposta que aceitamos da Mauad Editora. E ainda quebraríamos a rotina dos nossos outros textos com propósitos semelhantes. Não somos escravos dessa mesmice.

Veja bem, pastor Edson. Você se encontra no início do ministério religioso, vive a riqueza de diálogos com seus alunos e alunas como professor de aconselhamento pastoral, pastoreia uma igreja estimulante em Ipanema, terminou seu doutorado na PUC... Quanto a mim, estou atravessando os dias mais importantes e cruciais de minha vida, tudo aquilo que Salomão comentou no seu *Eclesiastes*... A toda hora estou sepultando minhas pessoas queridas e refletindo sobre essa experiência de perdas e lutos que não acaba mais... E ainda há essa dúvida, que é boa, mas em certos momentos dolorosa, se agora não sou eu a bola da vez...

Edson: – Sobre a morte ninguém sabe absolutamente nada, e essa sua conversa está com um certo cheiro de chantagem. O importante para mim é que você tem uma vivência testada e comprovada pelo tempo. Exerceu ativamente a sua vida de pastor anos e anos a fio, correspondendo muito bem a todas as expectativas que se formaram a seu respeito. Aceitou desafios, procurou criar experiências novas, ousou no campo da ação pastoral, foi fiel ao que o Vaticano II chamou de *sinais dos tempos*. Encarnou uma *teologia da cultura*, no dizer de Tillich. Trouxe a Bíblia no coração e os jornais nas mãos, indo até mais fundo do que velho Barth. Teve coragem de construir e viver uma teologia pública, sem se escudar nos academicismos teológicos que falam muito de paixão sem ter paixão nenhuma, como Moltmman com tanta pertinência denunciou.

Jonas: – Você está nesse momento se comportando como um bom amigo exagerado, mas não tenho dúvidas de que podemos somar vivências, registrar avanços e recuos nesses anos que representam a soma de nossa idade. Acredito que temos condições de usar, com bastante franqueza e honestidade, as opiniões que assinarmos ou mesmo assumir alguma divergência que marque nossas diferenças, mas que, em contrapartida, abra o leque das possibilidades. Também é ainda possível dialogar sobre a bonita colheita que fomos acumulando no decorrer de nossa vida. Afinal, o diálogo é um grande achado dos que buscam a verdade, um caminho que sempre deu certo, em todos os tempos... Ou não?

Edson: – Mas você não acha sinceramente que esse tipo de exposição pode dificultar o tom acertado do trabalho acadêmico que nos encomendaram? Há cânones que já estão consolidados e nós ficaríamos na contramão...

Jonas: – Meu amigo, não acredito que ninguém conseguirá ser mais acadêmico do que os gregos clássicos. Estou certo de que a vida espera de nós plasticidade e liberdade suficientes para revisar e até abolir muitos desses cânones que você menciona, e mesmo as mais fortes e perigosas posturas dogmáticas. Julgo também impossível que surja, nesta abertura do século XXI, alguém tão turrão que não se emocione com a clareza da linguagem e a busca da culta beleza literária de Nietzsche, Freud e, especialmente, de Platão.

Edson: – O meu voto, então, é que a gente não comece formalizando nada rigidamente, e sim procure dissecar o assunto proposto de todas as maneiras possíveis, você concorda? Parece mais amplo e também sensato.

Jonas: – É claro que sim. E aqui eu registro a primeira conclusão a que chegamos... através do diálogo!

1
O PASTOR

O bom pastor dá a vida pelas suas ovelhas

Jesus Cristo

Edson: – Você que caminhou mais e nunca se descuidou de ousar ou de se sentir pronto para o novo, poderia abrir nosso artigo buscando definir ou conceituar o que podemos entender por Teologia Pastoral. Talvez este pudesse ser um excelente ponto de partida para o nosso artigo.

Jonas: – Sabe, amigo, quando comecei a envelhecer perdi a fúria de conceituar e, especialmente, de definir o que está esparramado neste nosso mundo. Assaltou-me a certeza de que a definição e o conceito são como uma cerca de palavras delimitando o que queremos entender melhor. Podem, por vezes, ter lá o seu valor se o objetivo é o de organizar as idéias dentro da mentalidade escolástica, mas seguir apenas este caminho é deixar que escapem alguns aspectos vitalmente importantes que o odre furado de nossas formulações não tem condições de reter. E o mais grave é a inevitável esclerose de nosso discurso, que abre caminho para essa coisa odienta que é a dogmatização dos sempre precários e provisórios pontos de apoio que nos embasam o pensamento.

Edson: – Mas nem você ou qualquer um que seja consegue viver sem conceitos, sem princípios, sem *verdades*... Agir dessa maneira não acaba por viciar nossa bússola a apontar sempre na direção do caos e da dissolução de tudo?

Jonas: – A conclusão vista como silogismo de uma lógica racional tende a fazer exatamente o que você terminou de falar. É claro que a gente estabelece fundamentos, mas tudo fica debaixo do crivo crítico, sabendo que as coisas estão mergulhadas no cadinho das mudanças e sujeitas à evolução, cada vez mais difícil de desconsiderar. Dentro dessa perspectiva, eu diria que a Teologia Pastoral é um tipo de especialização da Teologia, assim como a Sociologia do Direito e a Física Quântica, esta, por sinal, na crista da moda de quem só pode ser tangido por um tipo de fé positivista, por absurda que seja essa expressão... O mundo da pesquisa e do saber fez-se, inevitavelmente, esquizofrênico, o que provocou a supremacia e imposição, inevitável e sem limites, da especialização. Essa é a versão científica de *cada macaco no seu galho*... E com isso some a nossa visão de conjunto...

Edson: – Parece-me razoável se eu disser que a Teologia Pastoral se debruça sobre os fundamentos teológicos da ação pastoral. Talvez. Mas é certo que a próxima pergunta que eu teria de enfrentar viria fatalmente como um raio: quais são, porém, esses fundamentos? E cairíamos novamente na estaca zero!

A mim me parece, de forma bem elementar, que a Teologia Pastoral representa o esforço de articular a reflexão teológica com nossa ação pastoral. Ou seja, o inalienável enlace entre teorizar o Mistério e vivê-lo. Foi Moltmann quem disse que a Teologia é um saber que, acima de tudo, *sustenta* a existência. Convenhamos, meu querido Jonas, que as teologias latino-americanas – incluindo-se nelas a tão importante Teologia da Libertação –, por darem ênfase às práticas de natureza crítico-dialético-proféticas, não concederam destaque às linguagens de caráter sapiencial-místico-integrativas, que são como pré-requisitos do necessário horizonte do acompanhamento pastoral. Como bem disse Clodovis Boff, a profecia lança a fé sobre a cultura e o processo histórico; a mística, porém, recolhe a fé junto de suas raízes interiores, para responder a questão do sentido. Ora, pastor Jonas, é desta latejante questão de sentido, do saber que sustenta a existência na vida e na morte, que deve também tratar a Teologia, daí o adjetivo a qualificá-la de pastoral.

Jonas: – Você tem razão, Edson. Nós temos a certeza da fé a nos segregar que o cuidado pastoral se enraíza na Bíblia. Deus mesmo testifica: *Ouvi o clamor do meu povo...* E o Cristo ilumina: *Eu sou o bom pastor. O bom pastor dá a vida pelas suas ovelhas.*

Confesso que não gosto muito do uso indiscriminado dessa linguagem apropriada à terra natal de Jesus há dois mil anos, num contexto bem diferente do que temos no século XXI. Chamar os que estão vinculados à Comunidade de ovelhas não me soa nada adequado aos ouvidos modernos. É ainda mais escandaloso nomear a igreja de rebanho! Torna-se preciso atualizar a linguagem, as formas e estruturas: uma Teologia da Forma. É imprescindível manter, em especial, o conteúdo atualizado, diante do inexorável envelhecimento a que todas as coisas são sujeitas.

Edson: – É preciso, sobretudo, pautar a nossa ação pastoral no exemplo de cuidado com todos os seres humanos manifestado por Deus e por seu Cristo. Jesus dramatizou o valor de cada ser humano e a compaixão que merece na parábola da ovelha perdida. O amor é a alavanca do trabalho pastoral, através dos recursos cada vez sofisticados, que ganham consistência maior quando decorrem de um uso inteligente e libertador que se encontra à nossa disposição. Em todas as épocas a Igreja não deve se afastar do progresso e das conquistas sociais, salvo se ele ameaçar o futuro da vida. Sobra tecnologia para ampliar o volume de nossa ação. A Igreja, no alvorecer do Cristianismo, já usava em sua comunicação o logotipo da cruz e utilizou criativamente o sino para reunir os fiéis... E hoje? Aí está a mídia, os assombrosos meios de transformação. Tudo isso faz o mundo pequeno, uma *aldeia global* como viu MacLuhan, o que diminui o tempo sempre gasto na preparação de encontros e realização de viagens.

Por outro lado, encurta os espaços. São recursos que facultam a participação de todos ao mesmo tempo nos fatos que se sucedem através de nosso planeta. Esse verdadeiro milagre da comunicação não pode ser marginalizado ou esquecido pelos agentes da Teologia Pastoral. Já pensou se Paulo de Tarso contasse com as possibilidades atuais? É claro que ele não seria precursor de Billy Graham...

Jonas: – Sei que podemos pensar no adjetivo *pastoral* estando além e sendo mais abrangente do que a figura do pastor. Mas estou certo de que, salvo como um exercício de abstração, não existe Teologia Pastoral sem que o foco principal recaia ou se inspire, de alguma maneira, na figura do pastor. Peço-lhe licença, Edson Fernando, para iniciar a nossa reflexão comentando o significado plural de um pastor que marcou a minha vida.

Falar assim é dizer muito pouco porque o reverendo Richard Shaull foi um missionário americano que revolucionou o pensamento cristão na América Latina, e particularmente no Brasil, de forma radical, sem deixar de ser igualmente o protótipo do homem preocupado com uma Teologia Pastoral conseqüente. Não é nenhum exagero dizer que a mentalidade cristã brasileira sofreu tão forte influência desse pastor, que podemos considerar a vida e prática de nossas Comunidades passíveis de serem separadas em dois momentos distintos e bem diferentes: antes e depois de Shaull.

Eu sei que os teólogos mais jovens, como você, pastor Edson, foram alcançados, de muitas e variadas maneiras, pela influência do pensamento forte e engajado desse meu professor no Seminário Presbiteriano do Sul, em Campinas, tendo pleno conhecimento de seus livros e de outros trabalhos que nos legou. Até porque Richard Shaull foi um pastor protestante que continua marcando sua presença em todo o mundo, especialmente nas lideranças e Comunidades evangélicas.

Quero, neste nosso trabalho a quatro mãos, falar sobre o perfil pastoral desse grande homem, na perspectiva de um testemunho ocular e pessoal que suponho ser a contribuição melhor que municiei em minha alma e que está disponível, como as mais vivas lembranças e os caros registros que me parecem resistentes, à semelhança das fundas cicatrizes ou das elaboradas tatuagens.

Shaull foi um pastor de Igreja. Um missionário dedicado. Professor de Seminário. Mas, apesar de sua projeção e influência como teólogo e intelectual, não se constrangia em repreender com severidade piedosa os alunos que faltavam ao culto matinal diário, buscando, ansiosos, melhor preparação para enfrentar as provas que viriam a seguir.

Em ocasiões como estas, as palavras, que sempre pareciam sair como pequenas explosões contidas com visível esforço pelos seus lábios finos, passavam a emitir um ruído desagradável que nos lembrava o som rascante de uma perturbadora britadeira:

– Não se esqueçam de que vocês não são apenas estudantes universitários, mas seminaristas, pastores.

Por outro lado, sua vida era também a de um inovador e revolucionário que jamais legitimou o caminho da violência. Os moços mais conscientes o amavam porque ele lhes devolvera sentido à vida de compromisso. E porque apresentava uma proposta de alternativa ao desespero, palavra de ordem que serviu de título a um de seus livros.

Os conservadores o temiam porque Shaull era o arauto ou profeta de um mundo novo e de uma Igreja com sensibilidade social:

– A Igreja é uma Comunidade de pecadores – costumava sempre dizer, para o desgosto daqueles que viviam imantados a um tipo de linguagem invertebrada e gelatinosa que se consolidara através de sucessivas gerações, quase um pobre dialeto desconhecido e irrelevante para os que estavam fora dos muros institucionais das entidades cristãs.

E o professor continuava as suas considerações, sem alterar o volume da voz nem o azul lavado do olhar sereno e manso como um lago suíço:

– Apenas se a Igreja tiver olhos e ouvidos sensíveis diante do sofrimento do mundo, será capaz de restaurar a sua missão básica e justificar a própria existência.

A verdade é que todos respeitavam meu pastor e professor pela coerência de sua vida e o senso de urgência e a responsabilidade que marcavam todos os seus gestos e atos.

Foi com Shaull que tive oportunas indicações de livros sérios que não estavam nas prateleiras das livrarias protestantes e que ainda resistem em minha biblioteca. Parecia natural respeitar os profetas malditos, como Nietzsche ou

Sartre, e veicular a mensagem cristã através do romance e do teatro. E por que não conhecer os *cronistas do absurdo* como Kafka e Ionesco ou a honestidade intelectual e clarividência de Karl Marx? Aprendi com ele também a participar dos primeiros diálogos ecumênicos abertos e adultos entre teólogos católicos e protestantes, que o próprio Shaull promoveu em nosso Seminário.

A visão secularizada do mundo como ponte para uma verdadeira evangelização jamais seria confundida por ele com o secularismo radical e combativo, que preconizava a História escrita à parte da atuação divina, o que equivaleria referendar uma religião-anti-religião, conforme se torna patente no Positivismo de Augusto Comte. E mais tarde ganha forma ainda mais clara com o advento do Socialismo real nos chamados países comunistas.

Muito mais poderia ser mencionado sobre este pastor, que vestia com simplicidade o corpo magro, mas contagiou com a brasa ardente de sua alma pastoral o coração de nossa juventude e de quantos quiseram somar tendo em vista a busca de uma sociedade mais justa e sem as aviltantes discriminações que conhecemos, até porque o jornal nos agride todos os dias com o que acontece na Cidade e no mundo. Ao abrirmos o noticiário, nos domina uma sombria indagação: quem será o ladrão revelado hoje?

Seguir o caminho de um retrato minucioso, no entanto, seria obrigar-me a escrever vários livros biográficos sobre Richard Shaull, o que foge à minha competência e à preocupação atual deste singelo testemunho, abertura de um artigo. Encerro assim o perfil pastoral de Richard Shaull com uma experiência marcante que tive com o meu mestre.

O pastor Shaull sabia que a ação pastoral tinha as marcas de um acompanhamento psicológico, mas não se confundia com ele. Em casos de transtornos emocionais, os próprios pastores deveriam recomendar ao consulente um profissional da área. Por outro lado, o tratamento psicológico não se estruturava para ele em nenhum compromisso explícito com a fé, que se subentende presente como importante dado na atuação do pastor.

É hoje claro para mim que Shaull também entendia a ação pastoral como completamente distinta da terapia de apoio, assim como contrária ao ato de acomodar o comportamento de alguém a um padrão convencionado. Penso que ele estava muito mais próximo da prática clínica desenvolvida pela Psicanálise do que das perigosas terapias que são desovadas no mundo todos os dias.

Ouvimos e interagimos com aquele que nos procura, mas o esforço do pastor ao atender quem sofre desajustes é levá-lo a melhor entender o seu próprio desejo e auscultar o que realmente o consulente nos expõe, num clima de confiança e confidência.

A imagem que me ocorre agora é a do pastor atendendo como se estivesse munido de um espelho em suas mãos, pois é preciso forçar quem carrega um problema pesado a olhar o próprio rosto e a analisar o que ele mesmo está dizendo ao pastor, de modo tenso e angustiado, como um sofrido desabafo. Em uma palavra, o pastor deve conduzir aquele que lhe solicita ajuda a apoiar-se nas próprias forças e no poder de Deus, para libertar-se. O consulente é quem realmente se analisa com a facilitação do pastor, que costura o seu discurso, facilitando, especialmente para este, o necessário entendimento do que ele mesmo pode fazer ou já está fazendo, embora muitas vezes sem o saber.

Shaull conhecia igualmente as dificuldades vividas por quem se enreda nas transferências afetivas daquele que sofre e nas suas próprias. Está mais do que constatado que essas ciladas do coração invalidam a ação pastoral e lançam os consulentes num poço ainda mais fundo.

Também orientava que não tem qualquer sentido fazer *sermões* moralistas para quem já está sobrecarregado com seu pesado fardo, muito menos lançar o consulente na perigosa armadilha representada pelo sentimento de culpa.

Mas vamos voltar ao atendimento que recebi de meu professor e que se fez um marco em minha vida.

Como eu estava mergulhado em uma crise semelhante à molesta desordem emocional que hoje é conhecida como síndrome de pânico, ele me ouviu com respeito, fortaleceu assim as minhas defesas e trabalhou para que eu recuperasse a resistência que me faltava, de modo bem mais eficiente do que puderam fazer os remédios fortes que me haviam receitado.

Reforçou a minha auto-estima quando me fez ver que meu aprendizado e produção no Seminário tinham unidade e sentido, e que ele admirava o bom rendimento escolar que eu conquistara a cada etapa de meus estudos.

Shaull estava voltando para os Estados Unidos, mas me deixou uma carta que considero até hoje estar afinada com uma ação pastoral conseqüente.

Tivemos poucos encontros depois deste dia, através dos anos que passaram velozes como um tornado, antes que eu fosse informado que Richard Shaull estava agonizando nos Estados Unidos e pedia a companhia do amigo Waldo César, co-autor de seu último livro.

Meu grande pastor não queria estar só no momento de seu despojamento final.

2
PALAVRA OPORTUNA E ESCUTA ATENCIOSA

Ouvi o clamor do meu povo
Deus

Fala, Senhor, que o teu servo ouve
Samuel

Edson: – Você não acha que esse primeiro enfoque ficou mais longo do que parecia razoável esperar? É impossível esquecer que estamos escrevendo apenas um artigo...

Jonas: – Um artigo que pode encorpar-se e até tornar-se um livro... Calma! Não fique aborrecido, que estou só brincando para que a gente se descontraia. Na verdade, eu acho, como você, que está longo mesmo, talvez devamos reduzi-lo pela metade. Confesso que fui escrevendo sobre minha experiência com Richard Shaull e me surpreendi depois como tendo mencionado grande parte de minha pauta... O episódio narrado ficou maior do que pretendia e acabou, como você notou, parecido com um sumário do artigo como um todo.

Edson: – Deixe, por enquanto, assim mesmo. Realmente é difícil falar do Shaull como pastor e não dizer até muito mais do que você fez. Eu estava pensando, por exemplo, sobre a indisposição que o nosso professor provocou com a direita do Brasil, e mesmo com aqueles conservadores que, aproveitando a mentalidade vigente em políticos poderosos e nos órgãos de segurança, bem como a repressão que logo mais viria à tona com a ditadura, colaboraram com a caça às bruxas dentro de nossas Comunidades protestantes, muitas vezes traindo irmãos e sempre cometendo injustiças. Pois é, não são apenas os seres humanos: as igrejas também são condicionadas pela sociedade em que se encontram... É melhor então que, por enquanto, você deixe seu texto como está e não faça nenhum corte. Vamos aprofundar os tópicos que planejamos e depois fazer os ajustes e acertos que se fizerem necessários. Não se esqueça dos torpedos do Beto...

Jonas: – Sabe, ao me lembrar do Shaull, do Seminário, de fatos de minha trajetória, absorvido pela instituição que formava os pastores do sul brasileiro, vivi uma experiência interessante. Foi como se ficasse também muito forte a lembrança de um outro professor muito admirado e querido dos alunos. Você chegou a conhecer o reverendo Jorge Goulart? No meu tempo ele já estava bem velho, mas mesmo assim ainda lecionava algumas matérias, inclusive a que discorria sobre o tema que agora nos cabe e que era ensinada com o nome de Psicologia Pastoral.

Edson: – É assim que se processa a associação das idéias, usada por alguns como recurso auxiliar na investigação psicológica do ser humano, naqueles aspectos que nos são completamente desconhecidos. É fascinante levantar, que seja, uma pequenina ponta do véu desse verdadeiro continente submerso que Freud chama de inconsciente, e Carl Gustav Jung, seu discípulo divergente, considera a *sombra* da mente humana. Pode parecer uma brincadeira, mas vou evocar um exemplo sério, como você sabe. Veja só. Se eu sugiro a um grupo, como ponto de partida, a palavra *maçã,* uma boa parte das pessoas pensa a seguir em *pêra...* Mas cada ser humano tem uma biografia particular, assim como está marcado em suas próprias impressões digitais... Assim se explica também como acontece a associação de suas idéias... Como você sabe, é um mecanismo muito simples. De sua mente, Jonas, o Seminário e Shaull como que puxaram para fora, para a consciência, numa seqüência natural, a pessoa do professor Jorge Goulart.

Jonas: – O professor Jorge Goulart, meu caro Edson, já estava quase aposentado, tendo acumulado através de sua longa vida uma vasta cultura e muita experiência. Era, sobretudo, um homem muito bom, uma espécie de pai para os seus alunos. Mostrava-se, como sempre eu soube, alguém talhado pela sua biografia para nos iniciar no atendimento pastoral conseqüente.

Hoje, quando chego a uma idade próxima à dele na época, fico ainda mais tolerante... E me arrependo de ter rido, com meus colegas, da surdez do querido mestre e de seus achaques próprios do entardecer da vida. Esqueci o nome do livro e do autor que ele tanto citava naquelas distantes aulas de Psicologia Pastoral. Mas tenho comigo que havia um capítulo com título muito parecido com o que estamos usando neste artigo: "Palavra Oportuna e Ouvido Atencioso".

Confesso que, mesmo agora, subscreveria as idéias expostas pelo velho professor com sua verve toda especial, coisas que me retornam como saudosas reminiscências. Espero, Edson, que você não me vete nesta e em outras atividades, alegando como justificativa a minha condição provecta de escritor pré-histórico.

Mas o fato que nos interessa, no presente assunto assim como no criterioso trabalho de investigação científica, é o inestimável papel desempenhado pelo bom senso. E a antiga observação, encampada pelo título de nosso artigo que agora concentra nossa atenção, se escuda justamente no bom senso que conseguimos amealhar através de nossa vida.

Como não valorizar a sabedoria da palavra oportuna? O próprio Jesus adverte:

Seja o seu falar não, não e sim, sim, porque o que passa disso vem do maligno.

Quando alguém consegue quebrar seus receios e timidez, visando receber a necessária orientação de que carece, a última coisa que deseja ouvir do confidente é uma antologia de discursos e divagações. E todos nós, infelizmente, conhecemos muitos pastores que, sem nenhum critério, começam a posar de vestal diante de seu consulente, como se fossem os mais perfeitos exemplos de tudo o que é bom ou positivo. E desandam a declamar as suas próprias virtudes e vitórias! É uma atitude detestável que só faz interromper abruptamente qualquer forma de comunicação produtiva. Harvey Cox chega a recomendar a todos os cristãos indistintamente a busca de maior discrição verbal, economia de palavras... até para recuperar a credibilidade perdida com uma tola verborragia. É preciso aprender com os trapistas a lição de falar mais por não falar...

Com freqüência, o cuidado pastoral se resume a interferências rápidas ou perguntas diretas que apenas alinhavem com clareza e pontuem com objetividade o que se esconde nas entrelinhas daquilo que o consulente confia ao pastor, num clima de desabafo.

Quanto ao ouvido atencioso, creio que a advertência pode ser entendida como o mais importante pré-requisito para ater-se à palavra oportuna.

É preciso vigiar-se contra o enfado visível e os bocejos. A pessoa atribulada recebe tais manifestações como desestímulo ou mesmo verdadeiro insulto.

Um psicanalista meu amigo comentou a respeito de seu colega que começara, de repente, a ser acometido por momentos de repentino e profundo sono que o levavam a dormir durante parte do atendimento a seus pacientes... Com todo o meu respeito ao profissional que se tornou vítima desse sono irresistível, dormir na frente de quem busca socorro trazendo o pesado fardo de sua aflição, é destruir qualquer forma de interação pastoral.

Quero encerrar as minhas considerações narrando um fato tanto verdadeiro quanto inspirador.

Walter Schutz foi um grande físico brasileiro integrado à Igreja Unida de São Paulo. Tudo fica ainda mais intrigante em minha narrativa, quando se tem em mente o alheamento daqueles que se destacam como pesquisadores das Ciências Matemáticas em relação à vida religiosa, como se esse tipo de pesquisa fosse uma espécie de vacina contra o envolvimento religioso.

O que realmente aconteceu com o menino é um segredo escondido no coração de Deus. Muitos que conheciam Walter Schutz desde sempre acreditavam, porém, que a sua vinculação à Igreja teria nascido quando o garoto inteligente procurou o pastor da família, reverendo Miguel Rizzo Júnior, o mais afamado conferencista evangélico do Brasil, que dirigia na época aquela grande igreja, com dedicação e bom êxito.

O sábio pastor, também versado em Psicologia, recebeu o menino com toda a deferência e o respeito que dispensava aos senhores importantes que, todos os dias, buscavam a sua orientação. Depois, sem sorrir, mas até com um toque de cerimônia convencionada nesse tipo de atendimento, recomendou à secretária:

– Cuide que eu não seja interrompido enquanto estiver ouvindo o jovem Walter Schutz.

E demorou-se com Walter um bom pedaço da tarde, evitando olhar o relógio.

Sem apelar para teorias como a do *tempo lógico*, de Lacan. Nem se basear em quaisquer preconceitos ou discriminações.

O infante estava nas mãos abençoadas do pastor Miguel Rizzo. Boas mãos.

3
O ESPELHO

Porque agora vemos por espelho, obscuramente, mas então veremos face a face; agora conheço em parte, mas então conhecerei como também sou conhecido -
Paulo

Edson: – Não lhe parece, Jonas, uma advertência desnecessária ficar insistindo com o pastor, molestando o profissional da terapia psicanalítica ou qualquer outra pessoa sensata que é imperioso ter uma palavra oportuna e o ouvido atencioso? Embora bem intencionada, não é uma ingênua perda de tempo? Afinal, todo mundo está cansado de ouvir esse discurso exortativo e já nem presta mais a mínima atenção.

Jonas: – Mas tal advertência torna-se pertinente se aqueles que se propõem a servir, através das variegadas formas de ação pastoral, não forem pessoas preparadas nem sensatas, como você mencionou. Infelizmente o bom senso parece ter abandonado a terra e, principalmente, a Igreja. Veja as guerras, a destruição ecológica, a insensatez... Não é possível esquecer a observação sombria de que, quando terminarem as guerras religiosas, acabarão também todas as guerras do mundo! É por isso que os mais pessimistas acreditam que o ser humano está condenado a desaparecer da Terra, já que tudo parece evidenciar que, por tantos motivos, o homem não é viável. O próprio Freud chega a manifestar esse mal-estar quando desabafa que somos animais desamparados. E a gente então entende porque parece fantástico quando um pastor, como o reverendo Miguel Rizzo, cumpre o seu ministério e atende com a devida deferência o garoto Walter Shutz. Não podemos nos esquecer de que os mais pessimistas se apóiam em análises racionais e estão longe de serem vistos como uns bobos alegres...

Edson: – A sua observação faz sentido e me leva a concluir que ficamos sem alternativas, se não contarmos com a esperança. Alguém já afirmou, com um tipo de humor *down*, que a diferença entre o pessimista e o otimista se resume no fato de que o pessimista tem muito maior conhecimento, é mais informado...

Mas desde o início desse diálogo eu queria lhe fazer um pedido, embora a oportunidade sempre escapasse. Quando você falou com tamanha emoção de Richard Shaull, disse rapidamente que, para este pastor, quem ouve um ser humano carente deveria se comportar como se tivesse nas mãos uma espécie de espelho... Quis na ocasião pedir detalhes, mas você pareceu tão apressado, que nem me deu fôlego para solicitar uma explicação mais detida e clara.

Jonas: – Não era bem pressa, Edson, mas preocupação com o pequeno espaço que nos foi concedido para registrar este artigo. Mas me diga qual é a dúvida que lhe ficou.

Edson: – Creio que não é bem uma dúvida, mas uma explanação mais minuciosa.

Jonas: – O espelho, meu amigo, provoca alguns estímulos significativos em nossa vida. O homem diante do espelho merece um estudo especial, que acredito já tenha sido elaborado por alguém ou alguns.

Veja só. O espelho acende a nossa vaidade. Não é à toa que os índios, que são despojados pela vida natural que levam desde o nascimento, fazem escambo do que têm, para possuírem os espelhinhos do colonizador. E ficam se admirando enquanto são saqueados... Narciso, segundo o mito, perdia qualquer noção de tempo enquanto admirava sua própria formosura no espelho das águas...

O espelho nos mostra também a verdade mais íntima do que somos, quando expõe a nossa tessitura interior que logra chegar à tona do rosto e, especialmente, dos olhos, quando, de alguma forma, rompe todas as censuras e os laivos de pudor. É o espelho que então denuncia o envelhecimento e as sombras da morte que se insinuam, por mais que os outros queiram negar, por delicadeza e cortesia. Ou nós mesmos, com o fito de nos enganar, percamos qualquer critério, quando movidos por vaidade fútil ou pelo medo da morte.

O espelho pode suscitar indagações fundamentais, como a que nossa poeta Cecília Meirelles derrama em seus sensíveis versos:

Em que espelho
eu perdi minha face?

Na reflexão que despertou o seu interesse, o espelho ilustra o recurso de marcar a diferença entre as terapias de apoio, que podem até fazer um bom trabalho em determinadas circunstâncias, e o agir psicanalítico, ao pautar a nossa ação pastoral. Porque a postura pastoral não tem respostas prontas, padrões preestabelecidos, e sim busca revelar ao consulente o seu próprio desejo, mostrar-lhe o que de fato está dizendo sem tomar consciência, costurar com coerência o seu discurso atabalhoado, e flagrar, com o espelho obviamente simbólico, o rosto do consulente. É claro que a ação pastoral exige assim muito mais do que outras terapias de apoio, porque implica maior investimento e dedicação; dá muito mais trabalho e pode ainda não ser corretamente entendida.

Simplificando, torna-se importante auscultar o consulente que, em última análise, é o seu próprio analista, monitorado pelo profissional ou pelo pastor que o assiste. É fundamental não permitir que ele renuncie ao seu ato de escolha. Como na peça teatral mencionada por Paul Tillich em um de seus livros, o consulente é convocado para fazer o principal papel: o rosto que ele vê no espelho é a sua mesma face, só pode ser.

Um certo distanciamento de quem interage com o consulente me parece apropriado, pois dificulta e pode mesmo evitar os envolvimentos emocionais extremos e as manifestações afetivas melosas, desaconselháveis e quase sempre promíscuas. Mas nada disso, que é salvaguarda especialmente para o consulente atribulado, deve ser entendido como frieza emocional. Mas é positivo navegar-se nos vínculos das transferências, sem se deixar afundar neles.

A interação desenvolvida no consultório do terapeuta profissional ou no escritório pastoral, lugar que precisa ser visto com respeito e não como um antro de encontros amorosos clandestinos e equivocados, os dois que ali se encontram são apenas agentes e parceiros na busca de uma autonomia solidária, de um andar com os próprios pés, de um pensar com a própria cabeça, de um sentir com o próprio corpo.

O cuidado pastoral com grupos e até com toda a Comunidade certamente será estruturado de outro modo e com metodologia diferente. Mas a atitude de fundo é a mesma. Escuta pastoral atenta, participante. Presença especular. O corpo do pastor ou da pastora ali oferecido como convite e apoio, para que um *outro* ou *outros* se encontrem, se reconheçam, se percebam e sejam sujeitos participantes de sua própria libertação.

4
APROXIMAR, OUVIR E DISCERNIR

> *Foi para mim uma grande satisfação saber... que entendi corretamente a tarefa da psicanálise, de ser, no fundo, um método de cura de almas.*
>
> Pfister escrevendo a Freud

Edson: – A presença de Jesus de Nazaré, meu querido Jonas, foi sempre para os seus um fato especular. Atente para o episódio quase arquetípico dos caminhantes de Emaús. A teologia do pastoreio, de quem exerce a função de cura d'almas, que era a maneira linda como Freud tratava o seu grande amigo e interlocutor pastor Oskar Pfister, pode ser assim pontuada: aproximar-se das pessoas, escutá-las demorada e atentamente, e ajudá-las a discernir os seus dramas, enredos e medos.

Retomo, pois, a idéia da *escuta silenciosa* que você sabiamente sorveu de seus mestres Shaull, Miguel Rizzo e Jorge Goulart. Faço novamente a triste constatação de que o nosso pastorado freqüentemente está engessado pela unilateralidade do dizer, do falar, do pregar. Com freqüência percebo que, no imaginário de quem estuda Teologia, a imagem de pastor que se tenta mimetizar nada tem a ver com a sugestiva descrição de Tiago – que se aplica a todos os cristãos: pronto para ouvir, tardio para falar, tardio para se irar.

Os estudantes almejam no fundo preparar-se para falar e não propriamente para ouvir os seus pares. Ouso mesmo afirmar que boa parte dos conteúdos da ciência teológica propriamente dita ou das ciências afins que compõem os currículos de Teologia é buscada, quase que de maneira exclusiva, para o serviço pastoral através do exercício da fala. Conhecer é encher-se de coisas para depois distribuí-las entre os fiéis, atendendo aos mais diferentes cardápios eclesiais. O professor Júlio Andrade Ferreira confessou aos seus alunos seminaristas que, quando ingressou no Seminário Teológico, julgava que deveria ficar ali com os demais colegas decorando sermões...

É estranha, para não dizer *esdrúxula*, no mundo da Academia teológica a imagem do pastor como um sábio, que tem pouco a dizer e muito a ouvir: *Ouvi o clamor do meu povo*. Lembra-se dessa passagem, meu querido Jonas? É fato que nesta frase está expressa a maior contribuição que o judaísmo deu ao mundo. A imagem de um Deus pessoal, *descolado* das forças da natureza, Deus que faz suas as dores do seu povo. Pascal mostra bem a influência que o formou nesse sentido.

Os *ketubim*, o terceiro fundamento das escrituras hebraicas, radicalizam esta dimensão tão esquecida pela academia teológica dos nossos tempos: *a sabedoria, a abertura silente, a contemplação que sorve a alegria e a dor do mundo, a dor do outro.*

Aquele lugar que mais se parece com um não lugar. Aqueles espaços vazios que, no dizer de Cecília Meirelles, constituem nossa largueza... Parafraseando o apóstolo Paulo, poderíamos perguntar: *pois como ouviremos se estamos cheios de coisas a dizer?*

Esta ausência evidente da *sabedoria ketubinica* na formação pastoral, reflexo de uma cultura mutilada na sua capacidade de ouvir, ensandecida na voragem do palavrório alienador, tem como desfecho o triste quadro de um raquitismo afetivo na arte de *curar almas*. Fala-se muito, ouve-se pouco. Aconselha-se muito, cuida-se pouco.

Trata-se, portanto, meu querido Jonas, de resgatar o que eu chamaria de *atitude de cuidado* diante do outro. Leonardo Boff lembra-nos de que o nosso tempo, o pêndulo do cuidado, oscila entre dois extremos. De um lado o não-cuidado, o descuido, o abandono do outro e de todas as coisas à sua própria sorte; na outra ponta, o cuidado pegajoso, excessivo, sufocante, que mantém o outro na camisa-de-força do paternalismo sem aberturas para a autonomia solidária. A chamada *Supermãe* é o triste exemplo que me ocorre...

Jonas: – É verdade, Edson. Tenho comigo que a recente inclusão da categoria do cuidado, na pauta da agenda teoecológica, vai para além da crítica à relação sujeito-objeto, que caracteriza o nosso trato com o ambiente desde os tempos modernos. A dimensão do cuidado tem a ver também com esta perspectiva silente, de sabedoria a que você faz referência em nossa relação com o outro. O cuidado diz respeito ao tempo de maturação das coisas. O tempo que Raduan Nassar – em seu livro *Lavoura Arcaica* – disse estar presente em tudo, em todas as coisas. O tempo da cura. Como curar sem dar tempo ao tempo? Curar almas e cuidar d'almas. Não está aí uma parceria belíssima que pode nos levar para além do imediatismo da palavra e da ação?

Edson: – Então, Jonas, permita-me desenvolver um pouco essa relação entre curar e cuidar, tendo como horizonte o que chamamos em nosso artigo de pastoreio conseqüente.

5
CURAR É TAMBÉM CUIDAR

Eu cuidei dele, Deus o curou.

No seu belo livro *Saber Cuidar*, Leonardo Boff faz uma pesquisa filológica e conclui que a palavra *cuidado* tem um parentesco forte com a palavra *cura*. Cura em latim se escreve *coera* e expressa precisamente a atitude de cuidado, de preocupação, de desvelo pela pessoa amada. Por essa perspectiva há uma sinonímia entre curar e cuidar.

Lembremo-nos do sentido da velha palavra *pesar, maturar. Curar* o milho, daí o cural. A massa do pão que precisa dormir, *curar*, fermentar-se. O leite precisa *curar* até transformar-se na deliciosa coalhada, no suculento queijo. Curar uma coisa é acompanhar com cuidado o seu tempo de maturação.

Parece que desconhecemos esse sentido de cura. Freqüentemente pensamos em cura no sentido de retorno ao estado anterior à doença, quando os sinais do adoecimento não haviam ainda se instalado. É como se passássemos pelo fogo e nos movêssemos pelo ideal de não trazer no corpo as marcas e as cores desse acontecimento.

Mas podemos pensar a palavra cura precisamente no sentido desse processo pelo qual vamos aprendendo a conviver com o inoportuno, o desagregador, o elemento dissonante que de repente se instala na sinfonia do nosso viver. Sim, aqueles momentos em que o *caos* rompe o *cosmos*, em que a *desordem* atravessa a *ordem*. Julgo sempre proveitosa a leitura do livro de John Mackay – *A Ordem de Deus e a Desordem do Homem*.

Trata-se, então, de arrumar a casa depois do vendaval, destruída como uma folha de papel amassada ao extremo. Trata-se, então, de abrir a folha de papel. Ela jamais será a mesma, as inúmeras dobras e cicatrizes apontam para a impossibilidade de ser a mesma. Entretanto, com cuidado, pode-se voltar à vida, pode-se expandir, pode-se *e-xistir*, sair de si. O mesmo também acontece no caso de mutilação de uma parte do corpo ou a cicatriz na alma causada por um desencontro afetivo... É preciso um tempo, não para que o corpo volte ao que era, ao estado anterior à dor e à doença, mas para que o corpo se descubra em novidade de vida que já não é a mesma. É preciso tempo para maturar, para amadurecer, para acompanhar o movimento do outro na direção de um porvir inexorável. Com outras palavras, é preciso *cuidado*.

Portanto, falar de cura é falar de cuidado, e falar de cuidado é entender esse estado intermediário pelo qual passam os leptópteros até transformarem-se em borboletas; a fortíssima metáfora da vida humana em seus vaivéns, da lagarta à borboleta. Qualquer movimento mais brusco e cessará ali a expansão, a vida. Simplesmente é impossível qualquer possibilidade de adiantamento, nessa gravidez que tem o seu tempo, como observa Salomão.

E a vida, o que será a partir de agora? Freqüentemente, esta é a questão que aparece, quando os pastores e pastoras são capazes do ouvir atento. Cuidar é acompanhar os desdobramentos dessa pergunta que a gente devia fazer todos os dias, e não apenas quando o destino nos corta com seus golpes trágicos.

A dimensão do cuidado, portanto, nos é constitutiva. Nos mitos da criação é recorrente o aparecimento da dimensão frágil da condição humana. Na mitologia judaica, somos lama, somos Adam, filho da terra. Ao mesmo tempo somos sopro. Somos uma bolha de sabão... Daí o cuidado deve ser o chão da nossa condição humana. Por isso, com toda a propriedade, disse Leonardo Boff, em seu *Saber Cuidar*, que, quando dizemos *cuidado,* não nos referimos a um fenômeno do qual possamos nos afastar para dele melhor falar. Mas falamos a partir dele. Somos os únicos animais na face da terra para quem o cuidado é condição de possibilidade para a existência.

Qualquer animal após nascer movimenta-se, sai à procura do alimento, e muitas vezes viverá muito bem sem que alguém o conduza e guie. Não havendo alguém que nos cuide, que dê a mão, o peito, o colo... a vida não se expande. Talvez a fantasia de sermos deixados sós, abandonados, seja o fundamento de todos os medos, dos quais a *síndrome do pânico* é a expressão mais contemporânea.

É com o material desse desamparo, como disse tão bem o pai da Psicanálise, que construímos, por exemplo, as nossas representações da divindade. A condição humana, nesse sentido, poderia ser pensada a partir da imagem de uma criança que com uma das mãos anseia pelo braço da mãe, de cujo colo vai sendo pouco a pouco empurrada na direção do desmame. O desmame ao qual se referiu Kierkgaard em sua obra *Com temor e Tremor,* esse desmame, no ser humano, é tão tardio e mesmo, muitas vezes, nem chega a acontecer. Porque, de um lado, belisca-nos a saudade do paraíso materno, e de outro, a mão estendida para a frente na direção do pai que nos livra desse desamparo.

Fustiga-nos o medo do desamparo absoluto e de sermos esquecidos. O medo de nos acharmos absolutamente sós, irreconhecíveis. Lembro-me de uma amiga, com um quadro de dengue hemorrágica, para quem o medo maior não era o da doença, do sucesso ou não do tratamento – obviamente essa preocupação estava presente – mas o de ficar sozinha no hospital. Isso a angustiava: a medrosa vivência do abandono.

Na metalinguagem da musicalidade religiosa, os postulados de Freud ficam quase transparentes. Veja-se como exemplo um dos cânticos entoados nas igrejas evangélicas, mais afeitas ao protestantismo histórico:

Não desanimes, Deus proverá, Deus cuidará de ti
Sob suas asas te acolherá, Deus velará por ti.
Deus cuidará de ti, em tua dor, com todo amor.
Jamais te deixará, Deus velará por ti.

Vale lembrar que *velar* significa cobrir com véu, ocultar, manter o mistério. Como se a divindade estivesse a dizer ao fiel: manterei a sua inviolabilidade, a sua dignidade, a sacralidade do seu viver, que não precisam de justificativas. Assim como a felicidade verdadeira independe da realização de qualquer projeto – o feriado, a compra de determinado bem... –, assim também a existência humana é e sempre será sagrada. Precisamente por se manter o seu segredo, a sua integridade não se desfará, o *caos* não destruirá o seu *cosmos*.

Talvez que adoecer seja precisamente isso, sentirmos o varal de nossas certezas sendo chacoalhado, a nossa casa invadida pela desordem, de tal sorte que não podemos nem nos movimentar nela. Assim reza a poesia de Guilherme Arantes: *Quando eu fui ferido, vi tudo mudar, das verdades que eu sabia / Só sobraram restos, que eu não esqueci...*

Pois a nossa cura dependerá do cuidado que tivermos ou que outros tiverem com o *lixo* acumulado dos inevitáveis ou evitáveis tsunâmis naturais, políticos, afetivos ou somáticos que sobre nós sobrevierem.

Curar é metamorfosear esse lixo, *cuidar* dele, e não escondê-lo debaixo dos tapetes da vida. Curamos e somos curados quando cuidamos e somos cuidados.

No começo deste tópico, Jonas, eu me referia ao pêndulo do cuidado proposto por nosso amigo comum, Leonardo Boff. É curioso que, no mundo contemporâneo, a dinâmica do cuidado apareça fortemente entre nós. Surge, entretanto, nos seus extremos doentios: o descuido ou o cuidado narcisista e paralisante, manifesto nessa doentia preocupação com a aparência do corpo.

É urgente redescobrir o verdadeiro sentido do cuidado nos escombros desses dois extremos. E o sentido mais profundo do cuidado certamente nos fará rever o sentido que damos à palavra cura.

Jonas: – Que reflexão bela a sua, Edson! Fiquei pensando que o artigo deveria terminar aqui, mas sei que você prefere como fecho a narrativa de um atendimento pastoral conseqüente. Já que você está galvanizado com o que acabou de falar, acredito que deva encerrar o nosso artigo.

Edson: – Durante a organização das idéias visando repensar a Teologia Pastoral, eu nos vi muitas vezes no CTI do Hospital São José acompanhando os momentos finais de nosso companheiro Lysâneas Maciel, um político como poucos, um irmão precioso que voltava para o Pai.

Jonas: – Curioso, amigo, como aquelas cenas também me marcaram. No fundo eu sabia que, logo mais, Lysâneas seria curado e cuidado por mãos benfazejas no lar definitivo. De repente, entra a enfermeira de plantão, sinalizando que chegara a hora de partirmos. Nós que sempre ríamos com Lysâneas durante o início da internação... eu que até ousava contar-lhe alguma anedota para quebrar a tensão... você, Edson, com olhos vermelhos... Nós sabíamos que estávamos nos despedindo do amigo até...

Edson: – Lysâneas, afogado pela parafernália que mantinha o seu fiapo de vida... foi ele que se dirigiu à profissional com a língua engrolada e sons de difícil entendimento. A mulher perguntou mais de uma vez: *O que o senhor quer mesmo dizer?* E o presbítero se esforçou como pôde para alçar a voz. E na sala em silêncio, a sua voz sofrida tinha um vislumbre de alegria, de esperança:

– Estes são os meus pastores!

Referências bibliográficas

ALMEIDA, Edson; REZENDE, Jonas. *Dores que nos transformam:* quando frágeis então somos fortes. Rio de Janeiro: Mauad, 2003.

BOFF, Clodovis. *Teoria do método teológico*. Petrópolis: Vozes, 1998.

BOFF, Leonardo. *Saber cuidar*. Petrópolis: Vozes, 1999.

DREWERMANN, Eugen. *Religião para quê?* São Leopoldo: EST/Sinodal, 2004.

FREUD, Sigmund. *Cartas entre Freud e Pfister*: um diálogo entre a psicanálise e a fé cristã. Viçosa: Ultimato, 1998.

MOLTMANN, Jürgen. *Experiências de reflexão teológica*: caminhos e formas da teologia cristã. São Leopoldo: Unisinos, 2004.

NOWEN, Henry. *Crescer*: os três movimentos da vida espiritual. São Paulo: Paulinas, 2000.

OLIVEIRA, Roseli M. Kühnrich de. *Cuidando de quem cuida:* um olhar de cuidados aos que ministram a Palavra de Deus. São Leopoldo: EST/Sinodal, 2005.

SHAULL, Richard. *Surpreendido pela graça*: memórias de um teólogo – Estados Unidos, América Latina, Brasil. Rio de Janeiro: Record, 2003.

SCHNEIDER-HARPPRECHT, Christoph (org.). *Teologia prática no contexto da América Latina*. São Paulo/São Leopoldo: ASTE/ Sinodal, 1998.

WONDRACEK, Karin H. Kepler. *O amor e seus destinos:* a contribuição de Oskar Pfister para o diálogo entre a teologia e psicanálise. São Leopoldo: EST/Sinodal, 2005.

TEOLOGIA E DIÁLOGO INTER-RELIGIOSO

Faustino Teixeira[72]

Introdução

A questão do diálogo inter-religioso vem cada vez mais desafiando o pensamento teológico, embora nem sempre tenha constituído o objeto de sua preocupação fundamental. A percepção de que o diálogo é uma dimensão integral da vida humana e também da missão das igrejas é um acontecimento relativamente novo para a reflexão teológica. E sobretudo a tomada de consciência de que o diálogo inter-religioso "tem o seu próprio valor", não podendo ser percebido como uma plataforma inicial para a dinâmica de uma evangelização explícita. Este diálogo significa, antes, "o conjunto das relações inter-religiosas, positivas e construtivas, com pessoas e comunidades de outros credos para um conhecimento mútuo e um recíproco enriquecimento"[73]. Em se tratando de estabelecer um objetivo do diálogo, este relaciona-se com a dinâmica de "conversão mais profunda de todos para Deus"[74].

O diálogo torna-se ainda mais imprescindível neste tempo de pluralismo religioso, marcado pela presença crescente da diversidade religiosa no panorama mundial. Surgem, por todo canto, novas religiosidades, e diversas tradições religiosas dão mostras de grande vitalidade. Trata-se de uma afirmação da alteridade que nem sempre vem acolhida em sua positividade. O pluralismo religioso impõe-se hoje como um componente "intransponível", que desafia todas as religiões ao exercício fundamental do diálogo. As opções atuais são muito claras, como mostrou o teólogo Hans Küng: "Ou a rivalidade entre as religiões, o choque de culturas, a guerra de nações, ou o diálogo das culturas e a paz entre as nações"[75].

O tema proposto neste capítulo será desenvolvido em duas partes. Em primeiro lugar, buscar-se-á fazer uma breve apresentação do diálogo inter-religioso, visando favorecer a compreensão de seu significado. Em seguida, serão apresentados alguns passos históricos das diversas posições assumidas pela teologia cristã diante do tema das religiões, de forma a facultar a percepção de como o diálogo inter-religioso foi sendo incorporado como tema fundamental para a reflexão em curso.

1. Introduzindo o diálogo inter-religioso

Faz parte da natureza do diálogo a busca de uma unidade que preserve e salvaguarde a diferença e a liberdade. O diálogo autêntico traduz um encontro de interlocutores pontuado pela dinâmica da alteridade, intercâmbio e reciprocidade. É no processo dialogal que os parceiros vivem e celebram o reconhecimento de sua individualidade e liberdade, estando ao mesmo tempo disponibilizados para o enriquecimento da alteridade. O ser humano é um nó de relações, não podendo ser compreendido de forma destacada do outro com o qual se comunica. O diálogo constitui uma dimensão integral de toda a vida humana. É na relação com o tu que o sujeito constrói e aperfeiçoa a sua identidade. Como assinala Martin Buber, "o homem se torna EU na relação com o TU". Trata-se de uma experiência humana fundamental e passagem obrigatória no caminho da auto-realização do indivíduo e da comunidade humana.

O que conta no diálogo é a reciprocidade existencial, a dinâmica relacional que envolve a semelhança e a diferença em processo rico de abertura, escuta e enriquecimento mútuos. É neste contexto dialogal que a identidade vai ganhando fisionomia e sentido, como expressão de uma busca que é incessante, árdua e criativa.

Dentre a extensa variedade de formas de diálogo, situa-se o diálogo inter-religioso com sua peculiaridade própria. Trata-se de um relacionamento entre fiéis que estão domiciliados em sua própria fé, mas também abertos aos amigos de outras tradições religiosas. Envolve sempre compreensão mútua e recíproco enriquecimento. Quando se fala em mútuo conhecimento, defronta-se com um desafio extremamente delicado: "a arte de compreender". Como indica Hans-Georg Gadamer, pioneiro na hermenêutica filosófica, compreender não é necessariamente "estar de acordo com o que ou quem se compreende", nem romper com as próprias convicções fundamentais, e sim é um exercício essencial de se recolher, "para deixar valer o outro"[76]. E quando se fala em "recíproco enriquecimento", abre-se espaço para compreender o diálogo como "intercâmbio de dons". E para tanto é necessária uma disposição essencial: a "prontidão em se deixar transformar pelo encontro."

O diálogo inter-religioso instaura uma comunicação e relacionamento entre fiéis de tradições religiosas diferentes, envolvendo partilha de vida, experiência e conhecimento. Esta comunicação propicia um clima de abertura, empatia, simpatia e acolhimento, removendo preconceitos e suscitando compreensão mútua, enriquecimento mútuo, comprometimento comum e partilha da experiência religiosa[77]. Este relacionamento inter-religioso ocorre entre fiéis que estão enraizados e comprometidos com sua própria fé, mas igualmente disponíveis ao aprendizado da diferença.

Em nível mais existencial, partilhar o diálogo é disponibilizar-se a entrar em conversação, o que significa viver uma experiência de fronteira. A dinâmica da conversação expressa um "lugar inquietante" onde cada interlocutor é provocado a arriscar sua autocompreensão atual diante do desafio que acompanha a alteridade. No processo de encontro dialogal pode ocorrer seja uma mudança mais radical, ou outra menos acentuada mas também autêntica, em que o que era diferente e distante torna-se "verdadeiramente possível"[78].

O diálogo inter-religioso traduz a riqueza de um novo aprendizado: a relação com a diferença e a alteridade significa a "apropriação de outras possibilidades" e a "abertura à mútua transformação". Este desafio dialogal, complexo e laborioso, é imprescindível para as religiões. Na ausência deste intercâmbio criativo, as religiões fragilizam-se, carecendo da atmosfera essencial para a sua afirmação e crescimento.

O teólogo indiano Raimundo Panikkar vem sinalizando em sua reflexão a importância essencial deste intercâmbio vital entre as religiões: um intercâmbio que possibilita o encontro da religião consigo mesma. Não há para ele como entender a fundo uma determinada tradição senão mediante a abertura, conhecimento e diálogo com outros universos religiosos. E radicaliza ainda mais: "Aquele que não conhece senão sua própria religião, não a conhece verdadeiramente. É necessário que se conheça ao menos uma outra religião diversa para poder situar em verdade o conhecimento profundo da religião professada"[79].

Não há como conhecer outra tradição religiosa senão mediante o diálogo inter-religioso. Para que ocorra uma "justa avaliação" de outra tradição religiosa, é necessário criar condições para uma aproximação e contato com a mesma, o que deve ser feito com particular sensibilidade e respeito.

O diálogo requer "cortesia espiritual" e abertura do coração. Requer igualmente uma espécie de conversão ao universo do outro. Isto não é uma tarefa fácil, mas um processo que pressupõe um indispensável estado espiritual de desapego e hospitalidade. Como assinala com razão Panikkar,

> *o diálogo religioso requer uma atitude de busca profunda, uma convicção de que estamos caminhando em solo sagrado, de que arriscamos nossa vida. Não se trata de uma curiosidade intelectual nem de uma bagatela, mas de uma aventura arriscada e exigente. Faz parte daquela peregrinação pessoal para a plenitude de nós mesmos, que se obtém ultrapassando as fronteiras de nossa tradição, escalando e penetrando nos muros daquela cidade onde não há templo porque a Iluminação é uma realidade, como se diz na última das Escrituras cristãs* (Ap 22,5)[80].

Para que haja um diálogo inter-religioso autêntico, é necessário reconhecer o valor do pluralismo religioso como um pluralismo de princípio, ou seja, um pluralismo que vem acolhido positivamente no desígnio misterioso de Deus. Como assinala Claude Geffré, "a pluralidade dos caminhos que levam a Deus continua sendo um mistério que nos escapa"[81].

Mas não é simples o processo de abertura ao pluralismo, como vem mostrando Peter Berger em suas análises sociológicas. O pluralismo religioso provoca dissonância cognitiva. O pluralismo causa "problemas" na medida em que ele desestabiliza "as auto-evidências das ordens de sentido e de valor que orientam as ações e sustentam a identidade"[82]. Nenhum conhecimento ou interpretação permanecem ilesos diante da provocação plural. Perspectiva alguma consegue firmar-se como única e inquestionável, mas permanece sempre aberta à apropriação de outras possibilidades. E é justamente isto que provoca a insegurança em muitos. Estes sentem-se despreparados e desprotegidos num mundo "cheio de possibilidades de interpretações". Ao acentuar dissonâncias cognitivas, o pluralismo provoca em indivíduos ou grupos um sentimento de insegurança significativamente ameaçador para a plausibilidade de sua inserção no mundo.

Entre os eixos fundamentais do diálogo inter-religioso, podem ser situados a consciência da humildade, a abertura ao valor da alteridade, a fidelidade à própria tradição, a busca comum da verdade e a ecumene da compaixão. O diálogo requer, em primeiro lugar, uma disponibilidade interior de abertura e acolhimento. Ele envolve o discernimento da vulnerabilidade e da contingência. A maior resistência ao diálogo advém de pessoas ou grupos animados pela auto-suficiência e arrogância identitária. O diálogo requer também o respeito à alteridade do interlocutor e a abertura ao valor de sua convicção. O outro humano é um patrimônio de mistério que se revela a cada momento, deixando sempre adiante uma nova virtualidade a ser captada. O diálogo pressupõe ainda a fidelidade a si mesmo e ao próprio engajamento de fé. Não pode haver diálogo sem um ancoradouro referencial. É necessário estar domiciliado em alguma tradição para poder vivenciar em profundidade a abertura ao universo do outro. Os interlocutores do diálogo devem estar também disponíveis e abertos ao mistério que os envolve e ultrapassa. A busca comum da verdade é um dos importantes traços da aventura dialogal. Por fim, o diálogo deve significar também para seus interlocutores o desafio de assumir a responsabilidade global de afirmação do humano e do cuidado com toda a criação. Cresce hoje a consciência de que o sofrimento dos seres humanos e a devastação do planeta devem constituir a base fundamental para o encontro e o diálogo entre as tradições religiosas.

O diálogo é, acima de tudo, "um estilo de ação, uma atitude e um espírito que guia o comportamento"[83]. Há várias formas de diálogo inter-religioso. Há o diálogo de vida, que diz respeito ao espírito de abertura que deve animar as pessoas na sua relação com os outros; há o diálogo que envolve as ações comuns em favor da transformação social e da melhoria das condições de vida; há o diálogo espiritual, que se dá num nível de maior profundidade e que envolve a partilha das experiências de oração, de contemplação e outras expressões da experiência do Mistério sempre maior; e também o diálogo de intercâmbios teológicos, que visa a compreensão, o aprofundamento, o confronto e o enriquecimento dos distintos patrimônios religiosos e espirituais. É neste âmbito particular, do diálogo teológico, que este artigo se insere, visando apontar os caminhos trilhados pela reflexão teológica cristã no campo da relação com as religiões.

Embora haja hoje uma tendência de identificar o diálogo inter-religioso com o "macroecumenismo", "ecumenismo planetário" ou "ecumenismo mais ecumênico", faz-se necessário estabelecer uma distinção entre este mesmo diálogo e o ecumenismo. Enquanto este último acontece no âmbito específico das comunidades cristãs, visando a unidade visível de todos os cristãos[84], o diálogo inter-religioso envolve as diversas tradições religiosas e tem por finalidade a transformação da existência humana e o bem-estar eco-humano, mediante um processo que leva do autocentramento a um recentramento na realidade última ou no Real. O diálogo inter-religioso é movido por uma responsabilidade global e sua importância vem se acentuando "em função das grandes causas que solicitam a responsabilidade da consciência humana"[85].

2. A teologia cristã e as religiões

O modo de abordagem das outras religiões na tradição teológica cristã foi até recentemente marcado pela questão clássica da salvação dos "infiéis". A mudança de perspectiva, que favoreceu o nascimento da teologia das religiões (TdR), ocorreu num longo e tortuoso processo coroado na dinâmica atual de acolhida do pluralismo religioso, percebido como dado positivo e de direito. O ambiente intelectual acolhedor do pluralismo religioso foi sendo progressivamente gestado ao longo dos últimos três séculos, com a afirmação da modernidade plural. É neste contexto que se dá uma nova percepção da comunidade global e do desafio da diferença: o crescimento do nível de informação sobre as outras tradições religiosas, a abertura a novos canais de conhecimento sobre a sua realidade, a inédita proximidade com o mundo do outro, a crescente afirmação do dinamismo de certas tradições religiosas e o fenômeno das imigrações em massa. Os primeiros sinais desta abertura às religiões no campo da teologia cristã ocorrem no âmbito da teologia liberal protestante, no século XIX, que encontrará forte resistência na teologia dialética de Karl Barth. No campo católico, esta nova sensibilidade começa a ocorrer na literatura teológica por volta da década de 1960, entre autores como Karl Rahner, Yves Congar, Henri de Lubac, G.Thils, entre outros. Uma das primeiras tentativas de sistematizar o tema se deu com a obra do teólogo Heinz Robert Schlette, *As religiões como tema da teologia* (1963)[86]. Pode-se também mencionar o primeiro tratado mais sistemático sobre a questão, publicado por Vladimir Boublìk: *Teologia das religiões* (1973)[87].

A TdR destaca-se hoje não como um novo tema ou campo da teologia cristã, e sim como um "novo horizonte" para a reflexão teológica no tempo do pluralismo religioso. A nova consciência planetária e a instigante presença das religiões, em sua diversidade irredutível e irrevogável, provocam um desafio singular e novidadeiro para a reflexão teológica, que se vê convocada a rever os diversos capítulos de sua dogmática: a antropologia teológica, a cristologia, a eclesiologia e a teologia da missão. A decisiva tarefa da TdR é "interrogar-se sobre o significado do pluralismo religioso no plano de Deus"[88]. O campo de abordagem deste capítulo refere-se especificamente à teologia cristã das religiões, uma vez ser impossível elaborar uma "teologia universal" ou "supraconfessional" das religiões. Trata-se aqui de uma reflexão teológica domiciliada na tradição cristã, mas aberta à provocação e interlocução das diversas tradições religiosas. Tende-se também hoje a se falar em teologia cristã do pluralismo religioso.

Um marco referencial na afirmação da TdR foi o lançamento do livro de Jacques Dupuis, *Rumo a uma teologia cristã do pluralismo religioso*, em 1997[89]. É um momento importante no balizamento metodológico deste campo de reflexão teológica, quando se confirma "um novo modo de fazer teologia num contexto inter-religioso"[90]. É uma teologia que privilegia o caminho indutivo, pois nasce no terreno propício do diálogo inter-religioso, e a partir dele busca processar a elaboração teológica[91]. Para este trabalho recorre-se à razão hermenêutica, ou seja, ao desafio essencial de buscar restituir a experiência fundamental cristã, mas depurando-a das "representações e interpretações que pertencem a um mundo de experiência que já se foi"[92]. O pluralismo religioso torna-se, assim, o novo paradigma experiencial a partir do qual se busca compreender a mensagem cristã. O cristianismo, como mostrou com acerto Edward Schillebeeckx, é sobretudo uma "experiência de fé" que se traduz numa mensagem, e esta experiência deve ser permanentemente recolhida de forma viva e criativa a partir dos novos desafios do tempo. Daí também ser pertinente definir a TdR como uma "teologia hermenêutica inter-religiosa"[93].

O paradigma exclusivista

O itinerário seguido pela teologia cristã, no seu esforço de compreender a relação do cristianismo com as outras religiões, pode ser sintetizado em três diferentes perspectivas adotadas no tratamento da questão. O caminho mais tradicional de abordagem sobre o tema identifica-se com o *paradigma exclusivista*, presente tanto em âmbito católico-romano quanto protestante. Trata-se de uma posição que vincula a possibilidade de salvação ao conhecimento explícito de Jesus Cristo e a pertença à Igreja. Sua vigência encontra-se mais rarefeita no tempo atual, restringindo-se a grupos católicos mais conservadores e núcleos de fundamentalistas protestantes. No campo católico-romano, a posição teológica exclusivista apoiou-se no tradicional axioma *"extra ecclesiam nulla salus"* (fora da igreja não há salvação), que tem suas raízes no século III, e que se firma de forma mais rígida na tradição a partir de Agostinho (354-430). Foram séculos de manutenção de uma interpretação mais exclusivista do tradicional adágio, mas pode-se dizer, de certa forma, que esta fórmula revela-se hoje "caduca" ou "opaca", em razão dos arranhões que provoca no senso da fé neste tempo mais plural. Ela deixou de ser empregada no Concílio Vaticano II (1962-1965)[94]. No campo protestante, a posição exclusivista acompanha o movimento de gênese da teologia dialética, em oposição à teologia liberal, sendo Karl Barth (1886-1968) um dos responsáveis pela elaboração escriturística da posição evangélica exclusivista. Já em seu comentário à carta aos romanos, sublinha a incomensurável diferença qualitativa entre o divino e o humano, o traço novo e inaudito da potência de Deus para a salvação[95]. Barth questiona não apenas os limites da razão humana e a esplêndida continuidade sustentada pela teologia liberal entre o humano e o divino, mas também os limites da religião, enquanto sonho pecaminoso do ser humano em querer igualar-se a Deus. Sua posição mais decisiva estará explicitada no clássico parágrafo 17 de sua Dogmática Eclesial (I/2 – 1938), em que formulará sua concepção de religião como incredulidade (*Unglaube*). Na linha de sua argumentação, há uma oposição entre revelação e religião. Na primeira, é Deus que fala ao ser humano, convocando-o à escuta da fé; na segunda, é o ser humano que fala por si mesmo, de forma obstinada e arrogante, na pretensão impotente de captar o conhecimento da verdade e de Deus. Para Barth, a dinâmica da religião é ilusória, na medida em que envolve a refutação por parte do ser humano da dinâmica gratuita da revelação, que não pode – a seu ver – ser antecipada em hipótese alguma pelo humano[96].

O paradigma inclusivista

Um caminho hoje mais partilhado identifica-se com o *paradigma inclusivista*, que se apresenta diversificado em modelos diferenciados. É uma perspectiva que já admite a atribuição de valor positivo às religiões, sem contudo conferir-lhes uma autonomia salvífica, em razão da defesa da unicidade e universalidade da salvação em Jesus Cristo. Podem-se destacar três posições presentes neste paradigma. Em primeiro lugar, o que se convencionou chamar de "*teoria do cumprimento*", defendida por teólogos como Jean Daniélou, Henri de Lubac e Hans Urs von Balthasar, entre outros. Nesta posição, são reconhecidos os valores positivos das outras religiões, mas estas são destinadas a encontrar o seu "acabamento" ou "remate" no cristianismo. As outras tradições religiosas, tidas como naturais, são concebidas como "preparação evangélica" ou "marcos de espera" para a sua realização no cristianismo. A reflexão de Daniélou retoma a distinção radical entre revelação e religião feita por Karl Barth: "As religiões naturais – e o que nelas é válido – atestam o movimento do homem para Deus; o cristianismo é o movimento de Deus para o homem que, em Jesus Cristo, vem apanhá-lo, para conduzi-lo a Ele"[97].

Uma segunda posição, associada ao pensamento de Karl Rahner, marca uma mudança de perspectiva. Em razão de uma compreensão mais aberta da dinâmica da revelação, as outras religiões deixam de ser vistas como simples expressões "naturais" de uma busca humana e passam a ser reconhecidas em sua dimensão sobrenatural, definida pela *operante presença do mistério de Jesus Cristo* em seu interior. Rahner enfatiza a presença de um "componente existencial sobrenatural" nas diversas religiões[98]. As religiões encontram-se, para Rahner, envolvidas pela presença de Deus e situadas positivamente em relação ao seu mistério de salvação. Esta positividade não se restringe ao fiel singular, em sua situação privada, mas abraça igualmente as objetivações da religião. Mesmo considerando as limitações presentes nas outras tradições religiosas, Rahner sinaliza sua dificuldade em aceitar a tese de que tais tradições constituem apenas caminhos provisórios de salvação. Indica que os caminhos que levam a Deus são amplos e múltiplos. Todos eles traduzem uma viagem misteriosa em direção a uma meta comum. A seu ver, "cada caminho trilhado pelo ser humano em real fidelidade à sua consciência é um caminho que conduz ao Deus infinito"[99]. A posição de Rahner mantém-se no horizonte inclusivista, na medida em que permanece para ele em vigência a idéia da constitutividade salvífica de Jesus Cristo, ou seja, a concepção de que a unicidade e universalidade de Jesus "pertencem à essência da salvação"; de que Jesus Cristo "possui significado salvífico para toda a humanidade", sendo o evento Cristo (que envolve o mistério pascal de sua morte e ressurreição) "verdadeiramente 'causa' de salvação para todos os homens"[100].

Em linha de continuidade com a posição de Rahner, o teólogo católico Heinz Robert Schlette mantém a tese de que as religiões são caminhos de salvação, ou, ainda melhor, "caminhos ordinários de salvação", enquanto a Igreja assume o lugar de "caminho extraordinário" de salvação[101]. As religiões são, assim, reconhecidas em seu "papel fundamentalmente positivo na história da salvação", assumindo uma "legitimidade querida" pelo Deus vivo[102].

No âmbito do protestantismo, a posição teológica que pode assemelhar-se à defendida por Karl Rahner é a trilhada pelo teólogo Paul Tillich. Em linha de descontinuidade com a perspectiva ortodoxa de Barth a respeito da relação do cristianismo com as outras religiões, Tillich enfatiza a idéia de que "as experiências reveladoras são universalmente humanas"[103]. Não há como conceber para Tillich a idéia de uma humanidade "abandonada por Deus", de uma história carente da presença do Espírito. A seu ver, a história da humanidade, em todos os seus períodos e lugares, esteve abraçada pela "Presença Espiritual". Sempre disponível ao espírito humano, o Deus misericordioso "irrompe, com poder salvífico e transformador, em toda a história em experiências revelatórias"[104]. Uma das importantes contribuições oferecidas por Paul Tillich em favor da reciprocidade entre as religiões situa-se no âmbito da dimensão mística. Trata-se da pista da profundidade que habita cada tradição religiosa. O diálogo acontece para ele, não em nível de superfície, onde as distâncias são muito mais acentuadas, mas em nível de profundidade. Para Tillich, o cristianismo encontra-se diante de um desafio singular, que é o de transcender sua particularidade. Mas não pelo caminho do abandono da própria tradição, e sim pelo de seu aprofundamento mediante a oração, o pensamento e a ação. Como indica em texto iluminador, "na profundidade de toda religião viva há um ponto onde a religião como tal perde sua importância e o horizonte para o qual ela se dirige provoca a quebra de sua particularidade, elevando-a a uma liberdade espiritual que possibilita um novo olhar sobre a presença do divino em todas as expressões do sentido último da vida humana"[105].

Uma terceira posição, hoje dominante entre teólogos como Jacques Dupuis e Claude Geffré, afirma a defesa de um *pluralismo religioso inclusivo*. Trata-se de uma posição que busca conciliar o "cristocentrismo inclusivo" com o "pluralismo teocêntrico"[106]. É uma perspectiva que reconhece e acolhe o pluralismo religioso de princípio, entendido como realidade que se insere positivamente no desígnio misterioso de Deus. Mas que ao mesmo tempo mantém vigente e vinculante a afirmação de fé e a doutrina nuclear cristã sobre a unicidade de Jesus Cristo, enriquecida, porém, com uma compreensão mais dinâmica e aberta do processo das automanifestações de Deus e de seu Espírito na história.

Na construção de seu modelo de "pluralismo inclusivo", Jacques Dupuis busca acentuar outras dimensões assumidas pela mediação da graça salvífica universal de Deus, ao lado da operosidade inclusiva do evento Cristo. Sublinha também a potência universal do Verbo de Deus e a ação vivificante e ilimitada do Espírito[107]. Com base neste modelo trinitário, reconhece a presença operativa de elementos de "verdade e graça" também fora da tradição cristã. As outras tradições religiosas são identificadas como "caminhos de salvação", na medida em que Deus mesmo se faz presente em toda experiência religiosa autêntica[108]. Ao falar desta forma, Dupuis indica que, antes de ocorrer uma busca de Deus nas religiões, é Deus mesmo que, em razão de sua graciosa iniciativa, envolve as religiões em sua graça universalizante. Ele reconhece, assim, a legitimidade de diversos percursos religiosos no âmbito de um mesmo desígnio unitário de Deus. Não são, porém, percursos isolados; eles se enlaçam por dinâmica singular de complementaridade recíproca, no respeito à alteridade irredutível de cada tradição em particular. O diálogo inter-religioso constitui o espaço singular para esta experiência de complementaridade entre as religiões.

Em linha de sintonia com Jacques Dupuis, o teólogo dominicano Claude Geffré busca igualmente sublinhar o "valor intrínseco das outras religiões como vias misteriosas de salvação"[109]. A pluralidade das religiões e dos caminhos que levam a Deus expressa, a seu ver, um enigma misterioso que escapa à visada humana. É um mistério que envolve o toque misericordioso e gracioso do Deus sempre maior. O pluralismo religioso é visto como "expressão mesma da vontade de Deus que necessita da diversidade das culturas e das religiões para melhor manifestar as riquezas da Verdade última"[110]. A tomada de consciência desta realidade provoca um sério questionamento à reflexão teológica cristã, que se vê interrogada a reinterpretar sua singularidade tendo em vista as inumeráveis riquezas de ordem religiosa testemunhadas pelas outras tradições religiosas.

O paradigma pluralista

Há também um outro caminho de resposta à questão, identificado com o *paradigma pluralista*, que envolve uma gama de posicionamentos teológicos e que vem defendido, entre outros, por John Hick e Paul Knitter. Como traço característico deste paradigma está o reconhecimento das outras tradições religiosas como instâncias legítimas e autônomas de salvação, como religiões verdadeiras e não como um cristianismo diminuído. Mas, para tanto, torna-se necessário romper com a idéia da constitutividade salvífica de Jesus Cristo.

Na hipótese pluralista de Hick, firma-se a idéia da centralidade do Real, que é fonte e fundamento de tudo, em torno do qual as diversas tradições religiosas encontram-se alinhadas, podendo a ele responder positivamente mediante um processo de transformação que leve do autocentramento ao recentramento no mistério maior da alteridade.

John Hick mostra-se crítico face ao inclusivismo cristão, que para ele permanece ainda refém do antigo imperialismo teológico, restringindo a salvação ao âmbito cristão. Mantém-se também descrente diante das tentativas de alongamento da idéia de inclusivismo, que, em vez de favorecerem o diálogo e a comunicação com as outras tradições religiosas, incorrem na afirmação de uma "concepção vaga que, quando é pressionada a aclarar-se, move-se na direção do pluralismo"[111]. Para Hick, a hipótese pluralista é a que mais respeita a integridade das diferentes tradições religiosas, que são percebidas como caminhos diferenciados de respostas ao Real. Mas a natureza do Real não pode ser devidamente expressa no contexto dos sistemas conceptuais humanos. O Real é infinitamente transcendente, não podendo restringir-se a qualquer conceito humano. Não pode ser definido como uma "coisa", mas isto não significa que seja "nada". O Real "é aquela realidade em virtude da qual, através de nossa resposta a uma ou outra de suas manifestações como figuras de Deus ou dos Absolutos não-pessoais, podemos alcançar o estado bem-aventurado de descentramento egoico, que é o nosso bem supremo"[112]. Na perspectiva de Hick, a hipótese pluralista é sugestiva para um diálogo inter-religioso aberto e respeitoso para com a alteridade. As tradições religiosas deixam de ser vistas como rivais. Em suas específicas respostas ao Real, e no respeito à suas particularidades concretas, elas passam a partilhar seus patrimônios religiosos e espirituais, sem sentimentos de superioridade, mas disponibilizadas para o mútuo enriquecimento[113].

Novos desdobramentos

No amplo leque das propostas teológicas em curso visando responder de forma satisfatória ao desafio do pluralismo religioso, vislumbra-se uma hipótese que ganha plausibilidade por ajustar-se bem à compreensão histórica da realidade. Trata-se da posição defendida por Roger Haight, que se situa entre a posição mais recorrente do inclusivismo constitutivo e do pluralismo mais arrojado[114]. É uma perspectiva que no campo da relação de Jesus Cristo com a salvação humana defende uma "postura normativa mas não constitutiva", aceitando a interlocução fecundante do pluralismo. É um modelo de reflexão teológica que reconhece o valor de verdade para os cristãos da revelação normativa de Deus em Jesus, mas que é também capaz de reconhecer a dinâmica reveladora de Deus alhures. Esta posição "afirma que Jesus proporciona uma norma ou medida representativa da verdade religiosa e da salvação de Deus para toda a humanidade, embora não cause a ação de Deus em prol da salvação que se desenrola fora da esfera cristã"[115].

Um dos grande limites apontados na perspectiva inclusivista é a sua dificuldade em reconhecer o "direito à diferença", a singularidade e irrevogabilidade das outras tradições religiosas. Para Haight, esta posição não resiste à "internalização da consciência histórica". Há que honrar a extraordinária diversidade das religiões e a singularidade que as anima, e não simplesmente reconhecer que seu valor está em sua "capacidade de abertura positiva ao que ignoram ou talvez mesmo combatam"[116]. Desconhecer a verdade salvífica que opera nas diversas tradições religiosas é não levar a sério o pluralismo de princípio e desconhecer as "riquezas da sabedoria multiforme de Deus", que faz sua morada no espaço diversificado da criação. Levando-se em conta a perspectiva interna da fé cristã, esta adesão ao pluralismo de princípio não mina o valor normativo de Jesus Cristo para a apropriação cristã da realidade última, e sim exclui sua aplicabilidade universal. Há que reconhecer a validade, também normativa, de outras legítimas mediações religiosas[117]. Na verdade, as riquezas da experiência de Deus ou do mistério último vividas e partilhadas no espaço da alteridade são também nutrientes fundamentais para a ampliação de horizontes religiosos. Segundo Haight, aqueles que "não conseguem reconhecer a verdade salvífica de outras religiões podem implicitamente estar operando com uma concepção de Deus distante da criação". E conclui dizendo que "nem Jesus nem o cristianismo medeiam uma posse plena de Deus. Sem um senso do mistério transcendente de Deus, sem o saudável senso agnóstico daquilo que de fato não conhecemos acerca de Deus, não se esperará conhecer mais a respeito dele a partir do que é transmitido a nós, seres humanos, por meio de outras revelações e religiões"[118].

Conclusão

As reflexões contemporâneas no campo da teologia das religiões ou da teologia do pluralismo religioso têm apontado questões que são essenciais para o diálogo inter-religioso. Uma delas é a fundamental exigência de respeito à alteridade. O verdadeiro diálogo, como pontuou Paul Tillich, só pode ocorrer de fato quando se respeita o valor da convicção religiosa do outro e se admite que ela se funda numa experiência de revelação[119]. Não há como dialogar autenticamente desrespeitando o "espaço" protegido das convicções e valores que animam as pessoas religiosas. São elementos irrenunciáveis e irrevogáveis.

Mas o diálogo inter-religioso também tem ensinado que a experiência de aprofundamento da experiência religiosa, tornada possível pela própria tradição particular, provoca uma tal liberdade espiritual que suscita uma ampliação inusitada do olhar, de forma a favorecer a percepção da presença universal do mistério. Os místicos de todas as tradições convergem na idéia de que a graça não suporta permanecer escondida ou restrita a espaços particulares e privilegiados: se as portas se fecham para impedir-lhe o vôo livre e gratuito, ela mostra seu rosto inusitado nas janelas. Assim como Tillich, que, animado por sua experiência no Japão, mostrou magnificamente o vigor da liberdade espiritual que acompanha o aprofundamento de toda religião, outros pensadores e místicos, como Panikkar, Teilhard de Chardin e Thomas Merton, salientaram a força, vigor e surpresa que acompanham um tal aprofundamento. É mediante tal aprofundamento, somado à abertura contemplativa, que se dá a aproximação daquele que "não tem mãos, mas é a pura realidade e a fonte de tudo o que é real", bem como o despertar "à infinita Realidade que existe dentro de tudo o que é real"[120]. O teólogo e místico catalão Raimon Panikkar sublinhou que o encontro das religiões tem uma indispensável dimensão experiencial e mística. Sem uma certa experiência que transcende o reino mental, sem um certo elemento místico na própria vida, não se pode esperar superar o particularismo da própria religiosidade, e menos ainda ampliá-la e aprofundá-la, ao ser defrontado com uma experiência humana diferente.[121]

Neste início do século XXI as igrejas cristãs defrontam-se com um desafio extremamente importante, que é o da abertura ao pluralismo religioso e ao exercício dialogal com as outras tradições religiosas em profundo respeito à sua dignidade e valor. Estamos diante de uma oportunidade única de resgate de uma credibilidade que veio arranhada por posicionamentos recorrentes de desrespeito e descrédito à diversidade religiosa e ao pluralismo religioso. Mas para tanto é necessária uma decisiva mudança de perspectiva eclesial, que rompe com o rotineiro desencontro e acorda para o verdadeiro encontro com o outro. Não há como manter em curso atitudes hostis ou um vocabulário deletério com respeito às outras religiões. Há que se recuperar o essencial "espírito do diálogo", e uma atitude mais positiva e otimista diante dos desígnios misteriosos de Deus para a humanidade. E ser também capaz de perceber e acolher com alegria as transbordantes riquezas da "sabedoria infinita e multiforme de Deus" que se espalham por toda a história e seguir com entusiasmo sempre renovado os impulsos do Espírito. O pluralismo é um dom não só aceito, mas desejado por Deus. Todas as pessoas devem ser respeitadas no seu direito inalienável de buscar a verdade em matéria religiosa, segundo os ditames de sua consciência. E as religiões devem ser respeitadas em sua dignidade singular e única.

TEOLOGIA E FILOSOFIA

Ricardo Quadros Gouvêa

Introdução a um antigo diálogo

A relação entre teologia e filosofia é tão antiga quanto a própria teologia. A teologia já nasce sob a égide desta profícua, porém nem sempre fácil e nem sempre bem-vinda interação. Hoje, em um tempo em que se torna cada vez mais claro que a transdisciplinaridade não é mais um sonho nem uma opção, mas, sim, uma urgente necessidade, é importante voltarmos nossos olhos para este tema.

Apenas olhar para as disciplinas que compõem a enciclopédia filosófica já deixa patente a importância e a necessidade deste diálogo. Assim como qualquer discurso teórico, a reflexão teológica é feita a partir de conceitos que carecem de ser propriamente definidos e concatenados de forma a formar juízos e argumentos, fato que conecta a teologia à lógica, que é a ciência filosófica que estuda a definição conceitual e a concatenação dos conceitos na forma de juízos, assim como a subseqüente formação de argumentos. Em outras palavras, ainda que a experiência religiosa seja pré-conceitual e sinestésica, qualquer possível diálogo racional acerca dela (no caso, a teologia) terá necessariamente de acontecer no nível conceitual, e toda conversa no nível conceitual só faz sentido se os conceitos estiverem apropriadamente definidos. Em contrapartida, é justamente a ausência desta preocupação lógica que torna muitos discursos teológicos irracionais.

Interessa também ao discurso teológico refletir acerca da possibilidade da aquisição dos conhecimentos que pretende apresentar. Isso é uma questão epistemológica. Cabe à teologia (e a cada teólogo competente) analisar qual é o estatuto epistêmico que orienta a reflexão teológica. Em outras palavras, faz-se necessário explicar como o conhecimento teológico é possível, estabelecer a cientificidade da teologia a partir de alguns parâmetros que são, em última análise, epistemológicos e, portanto, filosóficos.

Quanto às diferentes áreas da filosofia prática, me parece óbvio que há um diálogo inevitável a ser feito entre a teologia e a ética, assim como entre a teologia e a filosofia política, por exemplo. Estão equivocados os que afirmam nada ter a teologia a ver com a política. Muito pelo contrário, é na ação política, no sentido amplo do termo, que a teologia se torna mais relevante, pois a comunhão entre os seres (entre o ser humano e seu próximo, entre Deus e a humanidade, entre a humanidade e a criação) está no cerne das idéias bíblicas e no cerne da concepção cristã do ser divino.

Por falar em seres, é na ontologia (estudo do "ser" dos entes, também chamada de metafísica, mas tal termo é às vezes restringido às referências à metafísica clássica) que a relação entre a teologia e a filosofia atinge seu ponto máximo e também crucial. A necessária brevidade deste ensaio me faz crer que a concentração de nossa atenção nesta questão é o melhor caminho a seguir, e é isso que faremos a seguir, por meio de uma panorâmica histórica.

As raízes de uma relação de amor e ódio

Nos tempos de hoje, toda teologia que se preze não pode prescindir de consciência histórica e, por isso mesmo, não pode prescindir de um conhecimento panorâmico da história dos desenvolvimentos da teologia e de sua relação com a filosofia. De uma perspectiva da história da idéias, o pensamento cristão é, em si mesmo e na sua inteireza, fruto da confluência entre o pensamento judaico e o pensamento helenista. Sem essa confluência, não existiria pensamento cristão e nem tampouco teologia cristã.

O pensamento judaico se faz presente na formação do pensamento cristão por razões óbvias: o texto bíblico é de origem judaica em sua inteireza, tanto a Bíblia Hebraica (assumida como parte do cânon da Bíblia cristã, e desde os primórdios autoritativa nas comunidades cristãs na sua versão grega, a *Septuaginta*, e recebida na condição de Escrituras Sagradas), mais conhecida entre os cristãos pelo nome de Antigo Testamento, como o Novo Testamento (texto fundante do cristianismo, cujo cânon só foi definido pela Igreja no século IV) são eminentemente judaicos na sua forma, cosmovisão e estrutura conceitual.

Há traços de helenismo no Novo Testamento (a forma epistolar, por exemplo), mas eles são escassos e de pouca importância. Também no Antigo Testamento, além das claras e marcantes influências mesopotâmicas, egípcias e persas, temos pelo menos um texto, o *Qoheleth* (Eclesiastes, cuja versão final é provavelmente do século III a.C.), em que a influência do pensamento grego (notadamente das escolas socráticas não-platônicas, como os cínicos, cirenaicos e céticos) tem sido freqüentemente apontada pelos exegetas. Isto também é verdade quanto aos textos sapienciais deuterocanônicos, como a *Sabedoria de*

Salomão, a *Sabedoria de Jesus Bem-Sirach*, presentes na septuaginta, lembrando que mesmo estes textos são prioritariamente judaicos na sua cosmovisão e estrutura conceitual.

Textos cristãos contemporâneos à formação do Novo Testamento (ou um pouco posteriores), os chamados apócrifos e pseudepígrafos, em sua maioria também se enquadram na mesma classificação, sendo judaicos na forma e na concepção (os textos apocalípticos, por exemplo). O mesmo não é verdade, contudo, quanto aos textos gnósticos do segundo século, textos em que a influência helenista é decisiva, como no caso do *Evangelho de Tomé*.

Esta influência, porém, não está apenas nos gnósticos, mas em praticamente toda a literatura cristã do segundo século, e a partir de então toda teologia cristã está indelevelmente marcada pela presença da cosmovisão helenista e das estruturas conceituais advindas da filosofia grega em suas várias vertentes. Isto se dá por um programa amplo de acomodação cultural, durante o período patrístico, começando com os Pais Apostólicos e os Apologistas e chegando a uma apoteose com Agostinho de Hipona, abrindo caminho para uma dependência ainda mais intensa da filosofia grega na síntese promovida pela Escolástica medieval.

Quem ensinou os primeiros pensadores cristãos a fazer a integração entre o pensamento judaico e a filosofia grega foram os judeus helenistas medioplatônicos de Alexandria, cujo exemplo máximo é Filo de Alexandria (Philo Judaeus), contemporâneo de Jesus Cristo. Filo escreveu uma série de tratados exegéticos em que utiliza a filosofia de Platão para interpretar a Bíblia Hebraica, notadamente os livros mosaicos. Os Pais da Igreja conheciam bem a obra de Filo, e seguiram à risca o modelo do mestre medioplatônico. A idéia básica era usar Platão como chave hermenêutica para a interpretação filosófico-alegórica da Bíblia. Filo dizia estar convencido de que sua leitura desencobria o sentido mais profundo e verdadeiro do texto, numa dimensão para além do sentido literal *prima facie*. Para que sua leitura não fosse rejeitada pelos judeus, sugeriu que Pitágoras, Sócrates e Platão, entre outros, teriam lido e aprendido com Isaías, Jeremias e outros grandes profetas hebreus. Do ponto de vista da historiografia científica, isso não passa de lenda, mas a idéia é repetida pelos Apologistas e Pais da Igreja, e o modelo de exegese filônica tornou-se a regra durante o período patrístico, notadamente em Alexandria e no oriente.

O mais importante Apologista cristão, Justino de Roma, o Mártir, aperfeiçoou a sugestão de Filo, sugerindo (nas suas duas *Apologias*) que os grandes filósofos gregos, notadamente Heráclito e Platão, haviam sido sábios inspirados por Deus, vasos cheios do *Logos* divino, vocacionados por Deus para fazer surgir uma filosofia que serviria ao povo de Deus para a recepção e interpretação da revelação de Deus em Jesus Cristo, o *Logos* divino em sua plenitude, encarnado e manifesto em forma humana. Segundo Justino, o *Logos* estava seminalmente presente nos filósofos gregos. Não há, portanto, nenhuma possibilidade de contradição intransponível entre o ensino de Jesus e dos apóstolos, de um lado, e a filosofia grega (leia-se platônica, ou mais especificamente medioplatônica) do outro.

Nem todos os apologistas eram francamente favoráveis ao diálogo com a filosofia grega, e Tertuliano de Cartago é o melhor exemplo de uma voz dissonante. Quinto Septímio Florêncio Tertuliano era um jurista de educação romana que não tinha nenhuma simpatia para com a filosofia grega em geral e o platonismo em particular. Ele teria dito: "Que tem Atenas a ver com Jerusalém? Que tem a academia em comum com os pórticos do Templo de Salomão?" A ele também foi atribuída a exclamação *credo quia absurdum* (creio porque é absurdo), sendo assim o pioneiro do que seria posteriormente conhecido como ceticismo cristão moderno, isto é, o pensamento cristão dos séculos XVI ao XIX que, em oposição ao racionalismo cartesiano, duvida da capacidade da mera razão de chegar ao conhecimento, particularmente do conhecimento acerca de Deus.

Entretanto, um exame cuidadoso do pensamento de Tertuliano nos leva a duas conclusões bastante curiosas. A primeira é o fato de Tertuliano não ter considerado inapropriado o uso do linguajar e das formas de pensamento extraídas diretamente do Direito Romano. E a segunda, o fato de seu pensamento manifestar claras tendências estóicas. O Estoicismo era o pensamento filosófico predominante no mundo de língua latina, ao qual pertencia Tertuliano. Daí se depreende que a briga de Tertuliano era contra o platonismo e as interpretações platônicas do cristianismo provenientes de Alexandria, e não contra o uso de outras chaves hermenêuticas pagãs, como é o caso do Direito Romano, ou até mesmo de uma filosofia de origem grega, como é o caso do Estoicismo.

A leitura dos tratados estóicos de Sêneca, de Epíteto ou de Marco Aurélio deixa clara a proximidade entre o cristianismo e o estoicismo. Há um famoso texto cristão pseudepígrafo, *A Correspondência entre Paulo e Sêneca*, em que as arestas são aparadas. Na última carta, Sêneca faz sua profissão de fé, convertendo-se ao cristianismo, reconhecendo, com o aval do apóstolo, que o cristianismo nada mais é que o aperfeiçoamento religioso do estoicismo. O autor destas cartas apenas expressava o sentimento comum dos cristãos cultos do mundo romano.

É importante lembrar que Tertuliano terminou seus dias como herege, tendo se convertido à seita dos montanistas. Sua influência permaneceu bastante restrita às províncias africanas do Império Romano, enquanto o cristianismo platônico de Alexandria ganhava adeptos rapidamente, ainda mais depois de ser apresentado de forma magistral por Clemente de Alexandria, um dos maiores pastores e pregadores da Antigüidade, em sua trilogia: *Protrepticon, Paidagogos* e *Stromata* (*Exortação aos Pagãos*, *O Pedagogo* e *Tapeçarias*), e por seu discípulo Orígenes, expositor e exegeta, pioneiro da crítica bíblica, mas também autor de uma sistemática de coloração medioplatônica que era, na verdade, um tratado de filosofia cristã (*Peri Archon*), texto que está perdido na sua forma original e que é conhecido apenas na tradução latina (*De Principiis*). Sabemos que Orígenes estudou na escola de filosofia do medioplatônico Amônio Saccas, onde foi colega de classe de Plotino, o pai do Neoplatonismo (renovação da filosofia platônica que teve lugar a partir do século III e que sucedeu ao medioplatonismo dos séculos III a.C. a II d.C.).

A partir das aulas de Plotino, Porfírio, seu discípulo, produziu as *Enéadas*, um conjunto de 54 aulas (seis grupos de nove aulas, daí o título do livro). O impacto do Neoplatonismo sobre o pensamento cristão foi imenso, e a leitura das Enéadas deixa isso muito claro, já que grande parte do ideário cristão ortodoxo já está presente ali nas suas linhas mestras. Isto se dá porque os autores cristãos que o sucederam, entre eles Agostinho, passaram a formular suas idéias e sua interpretação do texto bíblico a partir da chave hermenêutica neoplatônica. Toda a mística medieval é neoplatônica, derivada do pensamento dos neoplatônicos Proclo (autor neoplatônico pagão dos *Elementos de Teologia*) e Dionísio Pseudo-Areopagita (autor neoplatônico cristão de quatro livros muito influentes na Idade Média: *Teologia Mística, Dos Nomes de Deus, Da Hierarquia Celeste* e *Da Hierarquia Eclesiástica*).

Não se pretende, neste breve ensaio, entrar em minúcias, mas vale a pena ressaltar a conseqüência mais marcante desta influência neoplatônica sobre o pensamento cristão, notadamente, a oposição radical do mundo material ao mundo espiritual, e a conseqüente rejeição da matéria, bem como o crescente ascetismo cristão, que valoriza a mortificação da carne em nome da ascese espiritual. Isso levou a uma série de formulações legalistas, ao sectarismo e a abusos psicóticos na busca da inspiração e do êxtase, tendências estas que persistem ainda hoje em alguns círculos eclesiásticos mais conservadores.

O pensamento judaico não possuía esta concepção negativa do mundo material e do corpo humano, e mesmo suas expectativas escatológicas eram francamente materiais. Com a rejeição da matéria, quase se acabou o que restava da cosmovisão judaica no pensamento cristão. A escatologia cristã passou a ser de caráter platônico, na esperança de um paraíso espiritual para almas desencarnadas, mais semelhante à atual doutrina kardecista do que à esperança judaica da ressurreição da carne e da instauração do Reino de Deus na Terra.

A rejeição do corpo também levou a uma identificação da sexualidade e do desejo sexual com o pecado e a pecaminosidade. Daí seguiu a valorização crescente da virgindade e do celibato na igreja cristã medieval, e posteriormente o Pietismo e o Puritanismo Protestantes, com sua pudicícia exacerbada. Podemos falar hoje de um eclipse do corpo na teologia cristã. Parece-me que uma das preocupações mais urgentes da teologia contemporânea tem sido o trabalho de resgate do corpo na antropologia teológica. Vale aqui ressaltar, entre muitos, o empenho da grande teóloga contemporânea Elisabeth Moltmann em seu livro *I am My Body*.

O estabelecimento de uma síntese

No século IV, os esforços do Imperador Constantino acabaram por fazer da Igreja Católica a religião oficial do Império Romano. A Igreja no Império passou a ser a Igreja do Império. O cristianismo, até então perseguido, passou a ser perseguidor. Os bispos se tornaram funcionários públicos com funções cartoriais. Basílicas foram erguidas. E a degeneração espiritual da Igreja fez surgir o movimento dos eremitas egípcios e, pouco depois, o monasticismo, ambiente em que a mística neoplatônica sempre teve precedência sobre as especulações filosoficamente mais sutis da teologia escolástica.

Constantino convocou o primeiro concílio ecumênico de bispos, o Concílio de Nicéia, em 325, pois a Igreja deveria ser só uma, com uma hierarquia bem definida e submissa ao Imperador, e deveria possuir uma única doutrina, claramente apresentada e ensinada. Ocidente e oriente, divididos pela língua, pela cultura, pela cosmovisão, pela filosofia e pelos interesses econômicos e sociopolíticos, seriam obrigados pelo poder político a entrar apressadamente em um acordo teológico.

As questões fundamentais a serem discutidas nos primeiros concílios ecumênicos foram questões trinitárias e cristológicas. O que poucos se dão conta hoje é que, por trás destas controvérsias claramente teológicas, estava um embate filosófico que, mesmo para os homens daquele tempo, não estava nítido. Tratava-se de um embate hermenêutico: qual chave hermenêutica filosófica é mais adequada para a compreensão e explicitação das idéias cristãs: a chave platônica ou a chave estóica? O oriente pensava a fé cristã a partir de Platão (isto é, dos medioplatônicos e neoplatônicos), enquanto que, no ocidente, a preferência era pelo cripto-estoicismo (moldado em Sêneca, por exemplo), que havia confortavelmente se instalado no seio da reflexão cristã.

A Trindade, por exemplo, não é ensinada na Bíblia, sendo que todas as interpretações trinitárias das passagens bíblicas que a sugerem são fruto de uma leitura *a posteriori*. De onde vem, então, esta noção da Trindade? Vem da acomodação do cristianismo à filosofia grega. A Trindade está seminalmente presente na metafísica estóica, com a Essência Última ou Princípio Absoluto no lugar de Deus Pai, o *Logos* Criador no lugar de Deus Filho, e o Espírito Cósmico (*pneuma kosmou*) no lugar do Espírito Santo. No Estoicismo, estes três também são três hipóstases ou *personae* de uma única essência. Não é à toa que Tertuliano, o estóico, foi o primeiro a argumentar na Patrística em favor da visão trinitária e é o primeiro a utilizar por escrito os termos latinos *trinitas* e *trinitatis* em referência ao ser de Deus.

A controvérsia se deu porque os orientais em geral preferiam a doutrina neoplatônica das emanações do Uno, sendo que o *Logos* e o Espírito deveriam ser vistos como emanações e, portanto, diferentes e inferiores ao Uno, idéias estas que geraram as convicções de Ário de Alexandria. Percebe-se assim que a questão era eminentemente filosófica. Sabemos quem ganhou o dia: o Imperador Constantino, o ocidente e o estoicismo. Contudo, decretos políticos e episcopais não alteram convicções pessoais radicadas na cosmovisão de um povo. O neoplatonismo continuou presente na reflexão cristã e foi se tornando, com o passar dos séculos, cada vez mais predominante no pensamento cristão medieval.

As controvérsias cristológicas também possuem um fundo filosófico muito semelhante. A doutrina da dupla natureza de Cristo não era muito palatável para os neoplatônicos, que preferiam arranjos mais racionalistas, quer nestorianos (a partir das idéias de Nestório), quer monofisitas (a partir das idéias de Êutico), ou ainda monotelitas (em suas várias formas, surgidas na teologia oriental nos séculos V e VI). Devemos, na verdade, a preservação da doutrina da Encarnação em sua potência máxima, isto é, a doutrina da dupla natureza em toda a sua paradoxalidade, idéia tão cara e tão fundamental tanto para a ortodoxia quanto para a teologia contemporânea, aos resquícios de um Estoicismo moribundo de um Império Romano decadente e em busca de auto-afirmação, associado à preferência imperial por um episcopado romano preponderante, posição que geraria o papismo.

Aurélio Agostinho, o bispo de Hipona, foi talvez o maior responsável pela transmissão da síntese filosófico-teológica da Patrística às futuras gerações. Agostinho foi o maior e mais importante pensador cristão de todos os tempos. E ainda que a mística neoplatônica faça constantes incursões no monasticismo ocidental, como no pensamento de Johannes Eckhart e Hugo de São Vitor, por exemplo, o pensamento de Agostinho haveria de se tornar, ao menos para o ocidente, o paradigma incontestável da reflexão cristã.

É interessante notar que, para Agostinho, o cristianismo não é uma religião, e sim a verdadeira filosofia. Agostinho declara seu amor e suas bodas com *Sophia*, a sabedoria, e nunca fez teologia propriamente. Era exegeta, pregador e filósofo. Já o termo teologia era usado apenas por pensadores pagãos, como Proclo e Jâmblico, que se propunham a fazer um discurso racional sobre o ser de Deus. Ninguém na Patrística parece ter tido essa pretensão, já que os Pais da Igreja se propunham a partir de uma revelação de Deus, o que, por definição, impede um discurso meramente racional sobre Deus, isto é, no sentido grego, utilizando apenas o empenho da razão. Isso não impediu, por outro lado, que os escritos patrísticos produzissem o que hoje reconhecemos como teologia. Por outro lado, nem tampouco impediu que quase toda a exegese e a reflexão da Patrística refletissem compromissos com alguma forma de filosofia helenista.

As contribuições de Agostinho para a filosofia cristã exigiriam um ensaio à parte. Basta-nos aqui lembrar que Agostinho é o primeiro na história da filosofia a produzir uma filosofia da história em *De Civitate Dei* (*A Cidade de Deus*), e é por isso reconhecido como o criador desta disciplina. A filosofia da história de Agostinho estabelece a Deus como autor da história humana e como doador de sentido à mesma. Agostinho vê na história humana o cumprimento de um projeto divino, com começo e fim, um fim glorioso e superior às possibilidades presentes na origem. Agostinho substitui a concepção cíclica da história presente na filosofia helenista de seu tempo (particularmente no estoicismo, mas também no neoplatonismo) por uma concepção linear. Agostinho encontra uma racionalidade inerente aos movimentos da história, e é isso que o qualifica como filósofo da história.

Cabe aqui lembrar que o livro mais importante de Agostinho, e possivelmente da história do pensamento cristão, é sua autobiografia filosófica *Confissões*, em que o bispo de Hipona nos conta aspectos de sua vida pessoal em que podemos visualizar traços de sua intimidade psíquica, bem como sua jornada por diversas formas de filosofia, sua franca rejeição do maniqueísmo e, por fim, sua conversão ao cristianismo, estabelecendo um modelo de testemunho de conversão. Nos últimos livros das *Confissões*, encontramos uma importante reflexão agostiniana sobre o tempo e a eternidade, na qual contrapõe a temporalidade e a história com a eternidade, concebida a partir de então na reflexão cristã posterior mais como atemporalidade do que como duração temporal sem começo ou fim. Tal concepção é de cunho platônico, e está inserida, nas *Confissões*, dentro do contexto de uma teologia da Criação feita a partir de uma interpretação do primeiro capítulo do Gênesis, na qual Agostinho interpreta, por exemplo, "os céus e a terra" do primeiro versículo como uma referência ao dualismo platônico de forma e matéria, uma vez que "a terra era sem forma e vazia". Em suma, Deus criou os céus, isto é, o mundo das idéias, e a terra "sem forma", isto é, a matéria. Com o *fiat lux*, a participação nas formas é emplastrada sobre a matéria informe. E assim por diante. Apresentamos este breve esboço da reflexão agostiniana como exemplo do processo delicado de síntese intelectual perpetrado pelo bispo de Hipona, processo este que determinou os rumos da teologia ocidental.

A filosofia a serviço da teologia

Com as invasões bárbaras, uma longa pausa na produção intelectual cristã tem início, e, com raras exceções, será somente com as reformas carolíngias e a Escola Palatina que voltaremos a encontrar pensadores originais no ocidente. A teologia, bem como a exegese, deixa de estar entre as prioridades da Igreja católica neste período, em que importa mais a busca do poder econômico e temporal, até mesmo com as espúrias "Doações de Constantino", bem como a criação de um enorme número de práticas supersticiosas e de sincretismos que perduram até hoje, já que os novos interlocutores são as diversas formas de paganismo europeu.

As tentativas de reintroduzir um diálogo filosófico-teológico, como a de João Escoto Eirígena, não foram bem-sucedidas. Por fim, se fortalece o chamado Movimento Antidialético (quer dizer, antifilosófico) de figuras como Pedro Damião, principalmente por razões políticas e de preconceito étnico, dado que o pensamento cristão oriental é notoriamente filosófico, e as relações com Constantinopla se tornavam ruins a ponto de se dar o cisma de 1054, em que a questão da procedência do Espírito na economia trinitária não passa de um subterfúgio, a ponta de um iceberg de discordâncias que, no fundo, são discordâncias acerca do fundamento filosófico a partir do qual se ergueram edifícios teológicos distintos, e a própria questão do *filioque* exemplifica esse fato, uma vez que macular a independência da procedência do Espírito Santo significava mais um golpe letal ao platonismo que sustentava a reflexão teológica oriental.

Não é à toa que se tornou proverbial a frase que diz ser Platão o filósofo da teologia ortodoxa oriental, Aristóteles o filósofo da Igreja Católica Romana, e Kant o filósofo da teologia protestante, como, aliás, veremos a seguir.

O diálogo com a filosofia recomeça de forma mais generalizada no ocidente a partir do século XII, com o aparecimento das primeiras universidades e o início do estudo e tradução dos textos árabes, em que o diálogo da filosofia grega (Al Falsafah) com as doutrinas do Islã está em franco progresso há séculos. E não é à toa que o recomeço do diálogo marca também o recomeço da teologia, dando mais evidências de que a teologia nunca existiu nem se desenvolveu independentemente da filosofia. Surge aí, pois, a chamada Escolástica, teologia feita nas universidades, de cunho nitidamente filosófico, com a vantagem de que aqui estamos falando de um empenho rigoroso, no estilo ensinado pelos árabes e judeus da Idade Média, e de um encontro mais direto com os textos e as idéias de Platão e de Aristóteles, em vez de seus seguidores helenistas.

O precursor da Escolástica foi Anselmo da Cantuária, autor que escreveu ainda antes da grande revolução tomista, causada pela redescoberta de Aristóteles. Anselmo propunha-se a fazer exercícios dialéticos a partir de sua fé, já estabelecida *a priori*, no sentido de verificar se seria possível, por meio do mero empenho racional e sem apelar à revelação, chegar a uma compreensão lógica das doutrinas cristãs. É a este tipo de procedimento que se refere a expressão medieval *philosophia ancilla theologiae* (a filosofia como serva, ou auxiliar, da teologia). A frase expressa muito bem a maneira como a Escolástica medieval pretendia relacionar-se com a filosofia clássica.

Muito malsucedido na maioria das vezes, Anselmo conseguiu produzir duas reflexões de enorme relevância histórica. A primeira, presente no seu *Proslogion*, é o argumento a favor da existência de Deus que hoje chamamos de argumento ontológico. Uma vez que Deus é o ser mais perfeito que podemos cogitar, não lhe pode faltar nenhuma perfeição. Ora, se Deus não existisse, lhe faltaria essa perfeição, isto é, a perfeição de existir, e Deus não seria o mais perfeito que podemos cogitar. Logo, é necessário que Deus exista. No transcorrer da história da filosofia, muitos se debruçaram sobre o argumento anselmiano, a favor e contra, sem que haja um consenso acerca do assunto.

O segundo texto importante de Anselmo é o *Cur Deus Homo* (*Por que Deus se fez Homem*), em que discute a expiação e apresenta a teoria da satisfação substitucionária que continuaria, em variadas transformações, preponderante até hoje. Aqui também a proposta é pensar a expiação (e compreender a Encarnação como necessária, para que a expiação se dê) a partir do mero empenho da racionalidade. O tempo comprova que Anselmo fez um bom trabalho, pois sua teoria sobrevive ainda hoje na reflexão cristã conservadora nas formas de teorias substitucionárias forenses construídas no protestantismo neo-escolástico, ainda que sua teoria não seja mais bem-vista entre teólogos contemporâneos, devido à noção, hoje considerada absurda pelos grandes teólogos, de que um Deus Pai irado exigiria o sofrimento e a morte de seu Filho para que pudesse liberar seu perdão à humanidade. Além disso, a crítica histórica tem demonstrado o condicionamento cultural da teoria anselmiana, dependente das noções jurídicas medievais.

No começo do século XIII a filosofia de Aristóteles (entenda-se, a metafísica, uma vez que a lógica aristotélica era bem conhecida até então) chegava à Europa por meio de traduções árabes e, sendo avidamente estudada, causava uma verdadeira revolução intelectual. Isso se deu a ponto de enervar o alto clero, e o papa acabou por proibir formalmente o estudo de Aristóteles nas universidades, proibição esta que foi rigorosamente ignorada. Tomás de Aquino se destacou dentre muitos que se dedicaram com afinco ao esforço de estudar Aristóteles e de promover uma nova síntese entre o pensamento cristão e o Aristotelismo. Novamente um pensador grego de alto calibre forneceria a chave hermenêutica para a interpretação da revelação e a conseqüente construção de um sistema de pensamento cristão. Agora não mais Platão, mas, sim, Aristóteles.

As coisas, todavia, não são tão simples, uma vez que o Aristotelismo adotado por Tomás e pela Igreja (sempre é bom lembrar que a Igreja Católica Romana, desde o fim do século XIX, assumiu o tomismo como filosofia oficial da Igreja) não é o Aristotelismo de Aristóteles, e sim o Aristotelismo de caráter neoplatônico de Avicena (Ibn-Sinn), um dos grandes intérpretes muçulmanos de Aristóteles, e que havia adaptado Aristóteles ao Islã por meio de um processo de neoplatonização. O Aristotelismo original era incompatível com o pensamento cristão medieval, pois rejeitava a idéia de criação como um momento no tempo (preconizando a eternidade do cosmos), negava a sobrevivência da alma individual à morte do corpo, e propunha uma concepção de Deus como ato puro, ignorante do cosmos e da humanidade, aparentemente incompatível com a apresentação neotestamentária de Deus. O pensador árabe Averróis (Ibn-Rushd) e seus seguidores na Europa (os Averroístas Latinos, liderados por Sigério de Brabante) procuraram tornar claras estas discrepâncias, no que foram combatidos pela igreja e por filósofos cristãos como Tomás de Aquino.

Estava assim restabelecida pelo Tomismo a aliança original do pensamento cristão com a filosofia grega. Não é assim tão relevante o fato de o filósofo-chave no período patrístico (e no oriente até hoje) ter sido Platão, enquanto na Idade Média o filósofo-chave ter sido Aristóteles, já que o Aristóteles do Tomismo é um Aristóteles platonizado, e porque, em última análise, Platão e Aristóteles, apesar das significativas diferenças, pertencem a um mesmo paradigma de reflexão filosófica quando comparados às filosofias modernas e propõem uma metafísica muito mais comum do que antagônica, apesar das inúmeras críticas de Aristóteles a Platão, críticas estas que o discípulo rebelde fez ao mestre para distinguir-se dele. Mas hoje percebemos que não fazem muita justiça ao genuíno pensamento platônico, que está muito mais próximo do pensamento aristotélico do que o próprio Aristóteles dizia e se dispusesse a admitir.

O fato mais importante neste panorama, portanto, é a renovada dependência da teologia em relação à filosofia, e mais especificamente em relação à filosofia grega. A teologia dos reformadores e a ortodoxia protestante neo-escolástica continuarão trabalhando neste mesmo paradigma, que só será sobrepujado após o Iluminismo.

Protestantismo e filosofia: uma história pouco contada

As Reformas Protestantes do século XVI não são geralmente vinculadas a nenhum movimento filosófico ou a quaisquer idéias filosóficas, mas isso não passa de ledo engano. Na verdade, a chamada Reforma nem teria ocorrido não fosse o humanismo renascentista de homens como Erasmo de Roterdã e, antes disso, da Nova Escola Franciscana da chamada Baixa Idade Média, de Duns Scotus e Guilherme de Ockham.

O grande teólogo e historiador inglês Alister McGrath, por exemplo, nos conta esta história em seu livro *As Origens Intelectuais das Reformas Européias*. Ao combaterem o realismo platônico, que defendia a tese dos *universalia ante rem* (os universais precedem as coisas) na chamada "querela dos universais", e ao se distanciarem do tomismo, que defendia aristotelicamente a tese dos *universalia in re* (os universais presentes nas coisas), os franciscanos tardios defendiam a tese dos *universalia post rem* (os universais posteriores às coisas). Esta postura foi chamada de Ockhamismo e de Nominalismo. A questão parece tola, mas é importantíssima: tratava-se de negar a preexistência do mundo das idéias (cristianismo neoplatônico), ou mesmo a existência das formas como de algum modo presentes, mas distintas da matéria (tomismo aristotélico), e de identificar as formas platônicas com o mero pensamento abstrato. Em outras palavras, os universais são apenas nomes que a abstração dá aos coletivos (daí a nomenclatura "nominalismo"), o que implica que as chamadas "essências" não precedem as coisas particulares, mas antes são abstrações posteriores indicando aquilo que a reflexão humana encontra de comum em diversos particulares semelhantes. Temos aqui o caminho para a indução e o método científico, por um lado, mas também para uma nova filosofia e uma nova teologia.

Eram essas novas filosofia e teologia que buscavam os humanistas, contando com numerosos cristãos entre eles. Vale destacar aqui o pouco conhecido filósofo huguenote Petrus Ramus (Pierre de La Rameé), que combateu vigorosamente a Escolástica, e procurou estabelecer novas bases filosóficas para os Reformadores Protestantes, no que foi vencido e esquecido. Sua influência se limitará ao ceticismo religioso de Michel de Montaigne, do huguenote Pierre Bayle e do jansenista Blaise Pascal, por exemplo. O destino da teologia protestante era reassumir um fazer teológico vinculado às filosofias de Platão e Aristóteles, estimulada pela filosofia de René Descartes, considerado o pai da filosofia moderna, mas que, na verdade, representa um empenho barroco de síntese das novas posturas científicas e humanistas com a velha filosofia medieval.

É bem verdade que Lutero esbravejava contra a relação promíscua da teologia com a filosofia, sendo que chegou a chamar a filosofia de prostituta. Nisto foi seguido por muitos pensadores luteranos de porte, notadamente por Søren Kierkegaard, que repete no século XIX a mesma censura. Só que Kierkegaard percebe o que Lutero não percebeu: que quem se vende é a teologia e, portanto, é a teologia que é a prostituta.

O fato é que Lutero não possuía uma formação filosófica sólida, o que é, sem dúvida alguma, um desastre para qualquer teólogo. Lutero tinha pouca paciência com os humanistas, mas com eles tinha muitas idéias e ideais comuns. Lutero não se interessava por questões filosóficas, mas havia estudado com os discípulos de Gabriel Biel, um ockhamista convicto. Lutero estava correto nas suas imprecações contra a excessiva dependência da teologia em relação à metafísica grega. Suas invectivas não eram contra a filosofia de modo geral, mas contra um tipo específico de reflexão filosófica e contra a dependência da teologia em relação a esse tipo específico de filosofia. Lutero sonhava com uma teologia exegética e dogmática mais livres, mas não compreendeu, por uma ingenuidade hermenêutica da sua época, como tal libertação poderia ocorrer. E não percebeu a profundidade do estrago que a exclusividade da chave hermenêutica grega havia acarretado.

No caso de João Calvino, não há qualquer tentativa de rompimento com o paradigma de reflexão teológica a partir da metafísica grega. Diferentemente de Lutero, Calvino sempre foi um humanista, tendo escrito sua tese de doutorado acerca de uma obra de Sêneca, o *De Clementia*. Calvino, no entanto, se enquadra melhor com os pensadores italianos da renovação platônica, tais como Marsiglio Ficino, Marsiglio de Pádua, Pico de la Mirandola e Giacomo Savonarola. Calvino cita Platão e os platônicos muitas vezes em seus escritos, e quase tão freqüentemente como a Cícero, o filósofo romano. Não cabe a este ensaio fazer um estudo mais aprofundado da questão, mas cabe dizer que a teologia de Calvino possui três bases fundamentais: a metafísica platônica, a linguagem e a argumentação jurídica de seu tempo e, por fim, uma reintrodução de noções presentes no Antigo Testamento, como a teocracia e a lei mosaica (gerando formas de neonomismo, como, por exemplo, no puritanismo inglês e na atual pregação do dízimo), incorporadas no pensamento cristão sem a intermediação neotestamentária, isto é, o Antigo Testamento com valor próprio, e não sob a luz do Novo Testamento.

De qualquer forma, coube às gerações subseqüentes, sob o mesmo impulso cultural gerador da nova filosofia racionalista de René Descartes, fazer com que a nova teologia protestante dos reformadores caísse rapidamente nos moldes da teologia escolástica medieval, gerando o chamado neo-escolasticismo protestante, em que a argumentação lógica e as inferências dedutivas têm a primazia, e o texto bíblico se torna pouco mais que uma comprovação posterior, isto é, os *dicta probanda*, ou textos-prova. Assim foram compostas as grandes confissões de fé protestantes. Estabelece-se um axioma de origem metafísica, segue-se um arrazoado de inferências lógico-dedutivas, e acrescentam-se os textos-prova bíblicos como se fossem notas de rodapé.

É evidente que esse tipo de teologia, que viria a ser mais e mais avalizada pelo racionalismo cartesiano dominante (apesar dos brilhantes esforços de contestação por Blaise Pascal em seu volume póstumo de *Pensamentos*), implica necessariamente uma humilhação da exegese bíblica, sendo que o texto bíblico torna-se escravo do sistema teológico doutrinário, e a ele nada é permitido dizer que contradiga aquilo que o sistema de doutrinas afirma, uma vez que este último é construído, tijolo a tijolo, por meio de inferências dedutivas logicamente inquestionáveis. O problema é que os axiomas que geraram essas inferências só são aparentemente escriturísticos de per si, como querem os teólogos conservadores fazer-nos crer, isto é, que sob a teologia da chamada ortodoxia protestante não subjaz nenhum substrato filosófico, o que é não somente uma inverdade, mas também uma impossibilidade. Na verdade, os axiomas teológicos do neo-escolasticismo confessionalista são indissociáveis do paradigma de sustentação filosófica advindo dos ditames metafísicos platônico-aristotélicos, que se manifestam nesse contexto sempre disfarçados em linguajar bíblico-teológico.

Eis por que se faz necessário esclarecer que, quando a chamada ortodoxia protestante afirma que a Bíblia é infalível e inerrante, está, na verdade, apenas fazendo jogo de cena e ilusionismo, seja por ingenuidade ou má-fé, já que, na prática, o que realmente é tido por inerrante e infalível é o sistema doutrinário. E a Bíblia só é inerrante e infalível na medida em que confirma servilmente aquilo que afirma o sistema doutrinário construído dedutivamente a partir de axiomas metafísicos. Portanto, esta suposta alta concepção da Bíblia como Palavra de Deus inspirada é um truque de espelhos. Trata-se, na verdade, da mais plena humilhação da Palavra de Deus escrita, para utilizar a terminologia de Calvino.

As filosofias deterministas de outros filósofos continentais, tais como Baruch Espinosa e Gottfried Leibniz, adicionavam combustível às especulações teológicas racionalistas, gerando distorções como o hipercalvinismo. A filosofia de Espinosa, ainda que de tendências panteístas, constrói um quadro determinista muito semelhante ao determinismo predestinacionista das formas mais agudas de calvinismo, rejeitando o conceito de livre-arbítrio, necessário para adjudicação de méritos e deméritos, sem o que a moral se torna canhestra ou até impossível, e abandonando por completo a paradoxalidade intrínseca das noções bíblicas acerca da questão da liberdade humana e da soberania divina.

Na verdade, até mesmo a concepção de Deus dos pensadores desse período é determinista. Leibniz, por exemplo, propõe pela primeira vez uma *Teodicéia*, isto é, uma "justificação de Deus", em que se promove advogado da Providência e defende seu cliente das acusações ligadas aos fenômenos histórico-culturais do sofrimento e da maldade, declarando ser o nosso mundo "o melhor dos mundos possíveis", e que Deus fez o melhor que pôde. Um triste final para uma filosofia tão pretensiosa, assim como triste tem sido o destino da arrogante ortodoxia protestante.

Estremecimentos do relacionamento

Com o Iluminismo e sua rejeição do valor intrínseco da religião em geral e do cristianismo em particular, por um lado, e o desenvolvimento e pleno sucesso do método científico indutivo, por outro lado, levando a um enorme progresso nas descobertas científicas, anunciava-se uma ruptura entre a teologia e a filosofia.

A ortodoxia, de um lado, passa a se sentir pressionada e ameaçada, e começam a surgir movimentos reacionários que gerarão, por fim, o fundamentalismo teológico no século XX. De outro lado, o otimismo racionalista gerado pelo progresso das ciências da natureza, sustentado pela filosofia empirista das Ilhas Britânicas (de John Locke, por exemplo), levava a uma postura cientificista de descrédito em relação ao cristianismo, e a somente tolerar formas de religiosidade ecumênicas e naturalistas, como o Deísmo dos ingleses John Toland e Matthew Tyndal, mas também de Voltaire e de Jean-Jacques Rousseau.

Muitos dos principais iluministas, no entanto, rejeitavam o deísmo com veemência, como é o caso de Condillac, Diderot, do Barão D'Holbach e do escocês David Hume. Foi no período iluminista que pela primeira vez um grupo significativo de intelectuais tiveram a coragem de se declarar ateus, e pela primeira vez as punições não aconteceram, ou ao menos não foram severas.

De fato, o cientificismo levava os intelectuais iluministas a achar que era possível prescindir das chamadas religiões positivas, entre elas o cristianismo, as quais eles viam como distorções da verdadeira religião natural. Muitos iluministas acabaram por concluir que o combate ao cristianismo era até mesmo necessário para o bem-estar e progresso da humanidade.

Esta atitude gerou o positivismo, que vê toda religião como um passo necessário, porém transitório da humanidade em direção à cosmovisão científica, a partir da qual todas as religiões devem ser abandonadas e até combatidas, ainda que, como dissemos, nem todos os pensadores iluministas chegaram a essa conclusão, e muitos até tentaram desenvolver formas de teologia, como o Deísmo, que se coadunassem aos novos tempos. Essas formas de reflexão teológica, no entanto, não ganharam muitos adeptos entre os cristãos e não deslancharam. O sucesso das ciências da natureza e os avanços tecnológicos pareciam estabelecer um abismo intransponível entre a fé e a razão, e posturas radicais recrudesciam, portanto, de ambos os lados.

Foi Immanuel Kant quem lançou novas luzes sobre a situação quando, em sua *Crítica da Razão Pura*, bem como em *Prolegômenos para qualquer futura metafísica*, faz a crítica devastadora à metafísica clássica, e refunda a disciplina em bases consistentes com o avanço das ciências da natureza. O aspecto fundamental de sua "autocrítica da razão" é estabelecer os seus limites. Ao fazê-lo, o próprio Kant afirma estar "limitando o alcance da razão para dar lugar à fé". Kant, dessa forma, dá um tiro de misericórdia na velha metafísica, e conseqüentemente elimina a possibilidade de uma teologia que nela se sustente. Kant abre, no entanto, a possibilidade de um novo diálogo para a teologia, agora com a modernidade, com a cosmovisão construída a partir das novas descobertas científicas.

Sendo assim, cabia à teologia pós-iluminista o trabalho de reconstruir o caminho do diálogo a partir da revolução kantiana, que o próprio Kant chamou de "revolução copernicana". Kant havia se tornado o filósofo do Protestantismo. É evidente que os conservadores nunca se dobraram a tão infame proposta, recrudescendo-se na defesa da velha ortodoxia como uma espécie de "paraíso perdido". Como uma criança que não abandona o cobertor ou o travesseiro sem o qual se sente insegura, as forças conservadoras, e a partir de então particularmente nos Estados Unidos, persistiram na defesa de uma teologia sustentada pela metafísica platônico-aristotélica, sem se dar conta (ou ignorando) do anacronismo que isso representava no contexto da história das idéias. A conseqüência foi a sectarização do mundo teológico conservador, que não apenas perde pouco a pouco o contato com a filosofia, mas também com as ciências, que passa a ver como inimigas e adversárias, o que era inevitável, apesar de triste e lamentável.

A retomada do diálogo

Qualquer teologia pós-kantiana teria que abrir mão dos compromissos com a velha metafísica platônico-aristotélica das essências e transcendências, e partir em direção a uma teologia da imanência, em que os fenômenos religiosos poderiam ser explicados a partir da mente e da psique humanas. Daí as chamadas teologias de cunho moral, como a exemplificada pelo próprio Kant em seu *Religião dentro dos limites da simples razão*, as teologias axiológicas, como a do neokantiano Albrecht Ritschl, em *A Doutrina Cristã da Justificação e da Reconciliação*, ou teologias do sentimento, como a de Friedrich Schleiermacher em *Sobre a Religião: Discursos a Seus Cultos Detratores* e no *Glaubenslehre* (*A Doutrina Cristã*).

Entretanto, foi outro filósofo alemão, G. W. F. Hegel, quem deu o passo decisivo para a revolução "copernicana" na filosofia, revolução esta iniciada por Kant. Hegel e os hegelianos apresentaram a nova chave a partir da qual seria possível fazer uma nova teologia que não estaria mais em desacordo com os avanços da filosofia moderna. Neste sentido, a importância de Hegel não está no seu grande sistema metafísico do Idealismo Absoluto, sistema que representa mais o seu delírio insano do que sua genialidade. A importância de Hegel está em trazer a história e a cultura humanas para o centro da reflexão filosófica. A partir de Hegel, toda filosofia teria de ser, antes de tudo, filosofia da história e da cultura, isto é, não apenas uma filosofia fenomenológica, mas uma fenomenologia das manifestações do espírito humano (ou do Espírito Absoluto por meio do espírito humano, se levarmos em conta sua metafísica idealista).

Nas suas *Palestras em Filosofia da Religião*, Hegel demonstra como isso pode ser feito em relação às idéias teológicas. Para Hegel, é preciso compreender que todo discurso religioso é discurso simbólico e lida com representações (*Vorstellungen*) que a teologia e a filosofia da religião, enquanto discursos que lidam com conceitos (*Begriffe*), precisam traduzir em linguagem conceitual. Protanto, trata-se de fazer a tradução que intermedia a experiência religiosa imediata e o discurso religioso simbólico, de um lado, e a reflexão conceitual, do outro, que é lógico-racional e científica.

A teologia pós-iluminista entrou em diálogo com esta nova filosofia, percebendo que teria que se tornar, para isso, uma teologia antes de tudo antropológica, centrada na história e na cultura humanas, na revelação de Deus na história, o que daria início a uma teologia histórico-crítica e fenomenológica. Daí o avanço da pesquisa histórico-crítica por teólogos hegelianos como Ferdinand Christian Baur e Friedrich David Strauss, e o aparecimento de teologias histórico-antropológicas, como as de Ludwig Feuerbach e de Ernst Troeltsch.

Fica clara, portanto, a importância de Kant e Hegel, filósofos alemães cujo quilate é comparável, em toda a história da filosofia, apenas a Platão e Aristóteles, e a mais ninguém. Estes dois gigantes desenvolveram um novo paradigma de reflexão filosófica que tornou possível novamente o pleno diálogo entre a filosofia e a teologia, ainda que não seja mais um diálogo exclusivamente com a filosofia clássica. Mas também aqui a ajuda dada por Kant e Hegel é fundamental, pois, através de sua análise crítica da metafísica platônico-aristotélica, tornaram finalmente possível à teologia libertar-se da servil dependência àqueles paradigmas de reflexão. A nova filosofia alemã aproximava a teologia da metodologia geral das ciências humanas e sociais e apontava um novo caminho para as ciências humanas em geral, as "ciências do espírito" (*Geisteswissenschaften*) ou "ciências da cultura" (*Kulturwissenschaften*), e para a teologia em particular enquanto uma das ciências do espírito ou das ciências humanas.

Dessa forma, a teologia pós-iluminista do século XIX deixava de ser um estudo confessional apologético, amarrado aos interesses das diferentes igrejas, e tornava-se um empenho científico acadêmico, cujas marcas seriam, em primeiro lugar, a historicidade: todo estudo teológico passaria a ser feito com consciência histórica, sendo as doutrinas percebidas como construções teóricas humanas através do tempo e sempre condicionadas às contingências culturais, sociais, políticas e econômicas. O método histórico-crítico não deveria ser aplicado somente ao texto bíblico, fundamental por ser o texto fundante, mas também a toda a produção teológica através dos séculos.

Em segundo lugar, a nova teologia deveria dar enorme atenção às questões associadas à linguagem e à literatura. Isto gerou, com o passar das décadas, uma aproximação entre a teologia e as ciências da linguagem: teoria literária, lingüística, semiótica, retórica e hermenêutica, pois toda cultura é linguagem, toda linguagem é discurso, e todo discurso carece de interpretação.

Em terceiro lugar, a nova teologia deveria ser fenomenológica, isto é, trabalhar indutivamente, de baixo para cima, a partir do dado cultural, do dado humano. Isto é o que se chama "teologia de baixo", em vez da velha "teologia de cima", idealista e essencialista.

A conseqüência prática e direta da adoção desta postura fenomenológica (desta teologia "de baixo") é que todas as doutrinas teológicas passam a ser tratadas a partir de então, na prática e para todos os efeitos, como hipóteses em busca de comprovação historiográfica e fenomenológico-cultural: se a Bíblia é revelação divina, se é a Palavra de Deus, isso não é mais visto como um axioma, como na velha teologia cartesiana da ortodoxia protestante, mas, sim, como uma hipótese a ser comprovada pelo exame acurado e crítico da própria Bíblia, tanto no plano histórico quanto no plano lingüístico e literário; se Jesus Cristo é a encarnação do *Logos* divino e possui uma dupla natureza divino-humana, isso é uma hipótese que deve ser comprovada por meio de um estudo acurado não somente das Escrituras, mas também do estudo historiográfico acerca de Jesus de Nazaré (o que causou a deflagração da chamada busca do Jesus histórico). Deve-se partir do humano para chegar ao divino. Se a Igreja é o povo de Deus e o corpo místico de Cristo na Terra, isso deve ser comprovado pelas evidências advindas de um estudo histórico-sociológico das atividades da Igreja. Como se pode ver, não se trata de negar ou combater formulações doutrinárias, e sim de adotar um novo paradigma de reflexão. Trata-se de compreender melhor o que as doutrinas significam: o que significaram em diversos momentos através da história da cultura, ou podem significar hoje após um exame das evidências científicas.

Muito importantes, dentro deste contexto, foram as contribuições dos historiadores cristãos da chamada história das idéias e, mais particularmente, da chamada história dos dogmas, entre eles, Adolf Von Harnack, na Alemanha, e Edwin Hatch, na Inglaterra, por exemplo, que demonstraram em pesquisas minuciosas a presença determinante, desde a Patrística e através dos séculos, das idéias gregas na formação dos sistemas de pensamento cristãos, e como a introdução dessas idéias provocou uma diminuição considerável das ênfases advindas da cosmovisão e ideário judaicos, e uma reinterpretação do sentido dos textos bíblicos à luz da filosofia grega.

A intenção desses pesquisadores nunca foi a de denunciar o abandono de uma cosmovisão correta por outra inadequada. Seria um engano, do ponto de vista teológico, achar que a cosmovisão bíblica é mais sagrada que qualquer outra cosmovisão. O que deveria interessar aos cristãos de qualquer época e cultura é a apreensão do evangelho da graça em Jesus Cristo, e não o invólucro cultural em que ele foi apresentado historicamente, e mesmo nos textos bíblicos. Em outras palavras, a cosmovisão judaica não faz parte da revelação divina, e sim é, antes, apenas um meio pelo qual se deu a revelação. A transmissão transcultural do evangelho sempre exige um trabalho de contextualização.

O que os cristãos do mundo helenista fizeram, a começar pelo próprio apóstolo Paulo que dá o exemplo no próprio Novo Testamento, foi contextualizar o evangelho a sua própria cultura, o que implicava apreendê-lo a partir de novos símbolos e imagens e conceituá-lo a partir das filosofias helenistas dominantes na época, o platonismo, o estoicismo etc. É claro que tal projeto é sempre muito delicado, e sempre é possível errar na dose. Neste caso, o erro seria adotar elementos da cultura judaica como partes do evangelho, o que implica uma desnecessária aculturação, ou sobrepor elementos da cultura greco-romana que forçariam as igrejas a abandonar aspectos inerentes ao evangelho.

Num certo sentido, foi isto que caracterizou o gnosticismo, como tem evidenciado as pesquisas mais recentes, a partir do trabalho do historiador das idéias Hans Jonas. O gnosticismo sacrificou demais o evangelho em nome do esforço sincretista de adaptar o cristianismo às idéias medioplatônicas, neopitagóricas, e até mesmo idéias advindas das chamadas escolas de mistério. Ora, também por isso a Igreja combateu o gnosticismo. O que pouco se diz, no entanto, é que enquanto a Igreja Católica queimava os textos gnósticos e destruía as comunidades cristãs gnósticas, as idéias gnósticas penetravam sorrateiramente no seio da Igreja, e a teologia oficial da Igreja acabou absorvendo muito do gnosticismo que intentava eliminar. Esta é mais uma das grandes ironias da história.

Diante deste novo quadro de reflexão teológica pós-iluminista, um número grande de adeptos da velha ortodoxia teológica se recusou a abandonar o velho paradigma metafísico, com medo de perder o chão, confundindo as convicções de fé bíblicas com as noções filosóficas gregas em que elas foram ancoradas e a partir das quais foram exclusivamente interpretadas. Esta postura reacionária de proteção da metafísica clássica como único ancoradouro válido para a teologia iria gerar o conservadorismo ortodoxo evangelical e o fundamentalismo teológico no século XX. Estes pensadores acusam o novo paradigma de ser inevitavelmente relativista, tornando imprecisas, incertas e variáveis as doutrinas fundamentais que acreditam ser uma expressão exata, perene e inquestionável do ensino bíblico, e não apenas uma possível expressão humana do ensino bíblico condicionada histórica e culturalmente aos momentos específicos e lugares específicos em que surgiram.

O recondicionamento do diálogo

Os caminhos assumidos pela teologia do século XIX, marcada pela transição para o paradigma alemão construído a partir das filosofias de Kant e Hegel notadamente, não poderiam levar a outro caminho senão ao surgimento do que hoje recebe o nome de "ciências das religiões" (ou alguma variação do termo), um estudo das religiões enquanto fenômeno sociocultural coadunado às ciências humanas e sociais, um estudo histórico-comparativo, antropológico, sociológico e psicológico. É natural que tais estudos não satisfaçam às exigências do homem de fé, nem tampouco das igrejas. Muito pelo contrário, tais estudos, pela sua própria perspectiva científica, promovem a dúvida e o ceticismo, e tornam mais difícil o cultivo da experiência religiosa por parte de qualquer um que sobre estes estudos se debruce.

Tal situação gerou uma certa inquietação que produziria excelentes frutos na teologia, formando a chamada "geração de ouro" da teologia do século XX, formada por pensadores como Karl Barth, Emil Brunner, Friedrich Gogarten, Dietrich Bonhoeffer, Paul Tillich, Reinhold Niebuhr, Rudolf Bultmann, Oscar Cullmann, Ernst Käsemann, Karl Rahner, Romano Guardini, Bernard Lonergan, Teilhard de Chardin, Henri de Lubac, Hans Urs Von Balthasar, Hand Küng, Jürgen Moltmann, Johann-Baptist Metz, Eberhard Jüngel, Wolfhart Pannenberg, entre outros. A teologia nunca mais seria a mesma desde então, e a atual proliferação de movimentos e tendências teológicas (teologia política, teologia do processo, teologia da morte de Deus, teologia da libertação, teologia negra, teologia feminista, teologia narrativa, teologia relacional, teologia da expansão, teologia ecológica, teologia das religiões, entre outras) é o rico resultado desta explosão de reflexão teológica no século XX, explosão que tornou a teologia novamente relevante para as igrejas e para o homem contemporâneo, sem que perdesse sua cientificidade e seu academicismo.

Inspirada pelos livros de Søren Kierkegaard, como *Migalhas Filosóficas, Post-Scriptum Não-Científico Concludente, Temor e Tremor, O Conceito de Angústia* e *O Desespero Humano: A Doença Mortal*, pela obra-prima de Albert Schweitzer, *Von Reimarus zu Wrede* (*A Busca do Jesus Histórico*), pela obra-prima de Rudolf Otto, *Das Heilige* (*O Sagrado*), pelo filósofo judeu Martin Buber (*Eu e Tu*), entre outros, esta teologia foi chamada de "teologia dialética". Em parte, porque propunha a continuação do diálogo com a filosofia, e em parte, porque recondicionava esse diálogo em novas bases de maior valoração da experiência religiosa e da teologia, considerada agora como irredutível a categorias meramente filosóficas, antropológicas, morais, psicológicas ou sociológicas, estabelecendo (ou renovando) uma tensão dialética entre a razão e a fé, entre a imanência e a transcendência.

Esta nova etapa na história da teologia não teria sido possível, no entanto, se um novo avanço na filosofia não tivesse ocorrido também simultaneamente. Este avanço veio com uma série de pensadores originais do final do século XIX que pareciam estar definitivamente livres das amarras do velho paradigma de reflexão filosófica, do cobertor claustrofóbico da metafísica platônico-aristotélica, cujos rotos andrajos ainda eram visíveis mesmo em filósofos como Kant e Hegel. Estes pensadores originais propunham uma nova filosofia, uma "filosofia do futuro", como diziam, e promoveram em conjunto, e com perspectivas bem diferentes, a refundação da filosofia.

Por um lado, temos os pensadores socialistas, e particularmente Karl Marx, cuja obra influenciou, como nenhuma outra, a reflexão filosófica e teológica original do século XX. A explicitação marxiana da alienação humana em suas múltiplas formas, presente particularmente nos *Manuscritos Econômico-Filosóficos* de 1844, fez com que os teólogos cristãos percebessem que a condição humana evidenciada por Marx possui fortes analogias com o que a Bíblia tem a dizer acerca da condição humana. O discurso marxiano (*A Questão Judaica*) e neomarxista (Escola de Frankfurt e Jürgen Habermas, por exemplo) acerca da necessidade de lutas de emancipação para minorias oprimidas, bem como os caminhos pelos quais tais batalhas devem ser lutadas, fez com que os teólogos visualizassem que a Bíblia fala de um Deus que liberta os oprimidos (como no Êxodo) e que tal concepção da relação da humanidade com Deus não é secundária, mas, pelo contrário, trata-se do elemento crucial do evangelho, e que as igrejas cristãs não podem ser omissas no cumprimento de seu mandato, no serviço do Reino de Deus.

A crítica marxiana às igrejas, de que são o "ópio do povo", narcotizando-o de tal forma que não considere sua opressão nem lute por seus direitos sociopolíticos, fez com que os teólogos contemporâneos percebessem que, de fato, as preocupações extramundanas e a escatologia excessivamente espiritualizada havia feito das igrejas um instrumento de quietismo e de dominação ideológica nas mãos dos donos do poder político e econômico. Era preciso transformar esta realidade, abandonar esse paradigma, mudando a forma de as igrejas pensarem e se comportarem em relação aos interesses econômicos e sociopolíticos das pessoas.

Já no século XIX, e na virada para o XX, encontramos nomes como Thomas Chalmers e F. D. Maurice, na Inglaterra, o proto-Tillich, na Alemanha, e Washington Gladden e Walter Rauschenbusch, nos Estados Unidos, responsáveis pelo chamado Evangelho Social, e seguidos mais tarde pelo mais brilhante dos teólogos norte-americanos: Reinhold Niebuhr, o irmão de Helmut Richard Niebuhr, o grande sociólogo da religião, autor de *Cristo e Cultura*, *A Origem Social das Denominações Cristãs* e *O Reino de Deus na América*. Niebuhr era professor no Union Theological Seminary, em Nova Iorque, junto com Paul Tillich. Juntos, eles criaram o maior centro de reflexão teológica norte-americana de todos os tempos.

Mais tarde, no pós-guerra, surge um outro gigante da teologia, Jürgen Moltmann, que, inspirado pelo neomarxista Ernst Bloch, autor do importante tratado *O Princípio Esperança*, escreveu o benfazejo *Teologia da Esperança*, repensando toda a teologia a partir da esperança escatológica cristã. Não mais a esperança platônica de um paraíso espiritual de almas desencarnadas, mas a esperança bíblica da restauração concreta da Criação de Deus, a instauração do Jubileu, do *Shalom*, do Milênio, a chegada de um mundo melhor, amparado pelos valores do Reino de Deus e pelo trabalho do Espírito através do esforço e conscientização da humanidade aqui e agora. O impacto dos livros de Moltmann foi crucial para, juntamente com a obra do católico-romano Johann-Baptist Metz, dar início à teologia política, que geraria subseqüentemente a teologia da libertação latino-americana de Rubem Alves, Gustavo Gutiérrez, Leonardo Boff, Jon Sobrino e muitos outros, e que seria exportada para todos os cantos do globo onde o suspiro dos oprimidos se fazia ouvir, e sem que a igreja, até então, cumprisse o seu papel libertador.

Contudo, é importante que fique claro que tais desenvolvimentos não seriam possíveis sem que o marxismo se tornasse uma nova chave hermenêutica para a teologia. Muitas vezes os teólogos latino-americanos repudiam este débito, o que não me parece correto do ponto de vista acadêmico. O débito existe; contudo, é evidente que Marx, Freud ou Nietzsche não são nem mais nem menos pagãos que Platão e Aristóteles. Se os Pais da Igreja utilizaram as filosofias predominantes de seu tempo para fazer teologia, por que seria errado para o teólogo contemporâneo também utilizar, como chave hermenêutica, as principais correntes filosóficas de seu tempo para fazer teologia?

Muito pelo contrário, percebeu-se que era exatamente isso que deveria ser feito. Primeiramente por razões missiológicas: para que a igreja possa cumprir bem sua missão integral no mundo de hoje, deve dialogar com as correntes de pensamento do mundo de hoje. Mas também por razões teológicas: toda teologia é um esforço humano de apreender o sentido das Escrituras e o significado do evangelho da graça. Esta apreensão é sempre condicionada histórica e culturalmente e, por isso mesmo, precisa ser sempre refeita, retrabalhada, reavaliada à luz das necessidades e das correntes de pensamento que formam a cultura de um determinado tempo e lugar.

De outro lado, surge também o brilhante pensador cristão dinamarquês Søren Kierkegaard, pioneiro da filosofia fenomenológico-existencial, seguido e imitado por tantos, inspirador de algumas das mentes mais brilhantes do século XX (cristãs e não-cristãs), tanto na filosofia (Miguel de Unamuno, Martin Heidegger, Gabriel Marcel, Jean-Paul Sartre e Albert Camus) quanto na teologia (Karl Barth, Emil Brunner, Rudolf Bultmann, Paul Tillich, e Oscar Cullmann, entre outros). Kierkegaard é um autor de estatura máxima dentro da história do pensamento cristão, comparável somente a Agostinho ou Tomás de Aquino. O impacto de sua filosofia cristã ainda está por ser plenamente sentido.

A ênfase de Kierkegaard no indivíduo e na particularidade, em contraste com a ênfase no geral e no universal (não para substituí-la, e sim para estabelecer uma tensão dialética) que caracterizara a filosofia clássica em toda a sua história, fez com que os pensadores cristãos do século XX (já que Kierkegaard escreveu em uma língua obscura, o dinamarquês, e só foi lido e recepcionado após ser traduzido para as principais línguas modernas) redescobrissem o valor que a Bíblia dá ao indivíduo enquanto indivíduo.

A idéia fundamental de Kierkegaard de que toda futura filosofia parta da existência humana (em contraste com o essencialismo de todos os idealismos e dualismos de Platão a Hegel, do maniqueísmo ao cartesianismo), isto é, da concretude, fez com que os pensadores cristãos reencontrassem o apelo existencial e concreto que está presente na Bíblia. Também a descoberta e a apresentação do conceito de angústia e sua relação com o pecado fizeram com que o conceito de pecado deixasse de ser motivo de chacotas e voltasse a ser existencialmente relevante para o homem contemporâneo.

E por fim, o foco kierkegaardiano na paradoxalidade como elemento crucial da própria racionalidade fez com que os pensadores cristãos compreendessem o erro de todas as formas de teologia racionalista produzidas desde a Escolástica até nossos dias, inclusive as formas da chamada ortodoxia, tão dependente do racionalismo cartesiano e avessa a quaisquer formas de construção teórica paradoxal.

E cabe aqui ainda fazer referência a pelo menos mais dois pensadores basilares: Sigmund Freud, cuja influência começa a ser sentida agora na teologia, particularmente na teologia narrativa, nas interfaces entre teologia e arte e entre teologia e literatura, por exemplo, e também na teologia da expansão e na teologia relacional, incluindo nomes como Stanley Hauerwas, Gabriel Fackre, Hans Frei, Clark Pinnock, Stanley Grenz, Wolfhart Pannenberg, entre outros. É preciso notar, todavia, que a influência da teoria psicanalítica sobre a teologia ainda é muito incipiente. Mesmo assim, torna-se cada vez mais claro aos pensadores cristãos que a questão da culpa do pecado, por exemplo, precisa ser repensada, já que grande parte da culpa que carregamos é advinda da ação coercitiva de propostas pequeno-burguesas de rígida conduta moral internalizadas e guardadas no inconsciente, conduta moral esta que tem pouco a ver com os princípios bíblicos e os valores do Reino de Deus, e muito a ver com os moralismos e legalismos comportamentais de uma sociedade marcada pela pudicícia, pela hipocrisia e pelo medo das diferenças.

E também Friedrich Nietzsche, inspirador da teologia da morte de Deus, dos anos sessenta (de Thomas Altizer, Paul van Buren, John A. T. Robinson e Harvey Cox, entre outros), e de boa parte da reflexão teológica das últimas décadas, incluindo nomes como John Hick e Mark C. Taylor, por exemplo. Quando Nietzsche afirmou a morte de Deus, fazia a denúncia de uma sociedade pós-cristã, secularizada e hipócrita, em que os valores religiosos estavam esquecidos e em que o verniz de religiosidade seria apenas para acobertar mentiras e o menosprezo à vida. Encontramos o eco de seu clamor na teologia da secularização inspirada pelas *Cartas da Prisão*, de Dietrich Bonhoeffer, em seu anseio por um cristianismo não-religioso, em que os cristãos estivessem menos preocupados em trazer as pessoas para dentro das igrejas, bem como mais preocupados em levar a Cristo para a sociedade, infundindo os valores do Reino na cultura.

Quando Nietzsche disse que o cristianismo havia se tornado um platonismo dos pobres e acusou a igreja de ter abandonado a mensagem neotestamentária, estava fazendo uma crítica que merece atenção. Nietzsche sugere que a mensagem de Cristo é a favor da vida e da alegria, enquanto que as igrejas transformaram o cristianismo na negação da vida, na valorização do sofrimento, e isso graças ao ressentimento que domina as massas. Nietzsche sugere que as igrejas impuseram sobre as ovelhas uma "mentalidade de rebanho" em que a liberdade de pensamento e as divergências não são toleradas, e o comportamento deve ser uniformizado.

Todas essas colocações são pertinentes, e qualquer futura teologia deu e deve continuar dando atenção a elas, tentando corrigir os desvios que nos são apontados, mesmo que por não-cristãos, pois toda verdade procede de Deus. De fato, a Bíblia é a favor da alegria e da vida, não propõe a rejeição do mundo nem práticas ascéticas, não convida ao sacrifício nem valoriza o sofrimento e também não o considera como um bem em si mesmo. Além disso, a Bíblia não nos convida à uniformidade, e sim à unidade, o que é bem diferente. Por fim, o fato de sermos ovelhas de Cristo, o bom pastor, não significa que somos um rebanho de mentes estupefatas, incapazes de refletir, de questionar, de introspecção e autocrítica, e checagem e balanceamento e, principalmente, não significa que não devemos seguir a Cristo em sua firmeza contra fariseus hipócritas, que coam moscas e engolem camelos, e vendilhões do templo, que abusam economicamente da credulidade das pessoas. Enfim, Nietzsche nos inspira a entender a grande comissão como um convite ao discipulado da plenitude da humanidade, e não para uma formatação que nos faz algo menos que humanos.

O caminho ampliado para o diálogo hoje

Estes quatro gigantes (Kierkegaard, Marx, Nietzsche e Freud) revolucionaram a história das idéias, e a assimilação de sua obra pelas mais brilhantes mentes cristãs determinou os rumos da teologia no século XX. Isto não significa que toda boa teologia hoje tem que partir da reflexão destes autores ou de outros autores contemporâneos importantes. Ao contrário, muito do que de mais proveitoso se tem feito hoje em teologia é o resultado da redescoberta de autores cristãos esquecidos, autores que não se enquadravam no sistema de pensamento cristão dominante, sempre calcado na metafísica platônico-aristotélica.

Mesmo filósofos cristãos de tendência mais conservadora e teólogos mais afeitos ao velho paradigma têm conseguido repensar a tradição clássica com novos olhos e posicionamentos mais arejados, como é o caso, entre os protestantes, de Abraham Kuyper, Herman Dooyeweerd, H. G. Stoker, Alvin Plantinga, Peter Berger, C. S. Lewis, James Houston, Eugene Peterson e Philip Yancey, entre outros. E entre os católicos, pensadores como Étienne Gilson, Jacques Maritain, Garrigou-Lagrange, Henri de Lubac, G. K. Chesterton, Peter Kreeft e Thomas Howard, entre outros.

Além disso, as próprias teologias de cunho fortemente platônico (a mística medieval, por exemplo) ou aristotélico (o tomismo, por exemplo) têm sido analisadas sob uma nova ótica, agora que nenhum fundamento filosófico é considerado sacrossanto e inquestionável. A diferença é que antes havia uma chave hermenêutica apenas considerada adequada: a metafísica platônico-aristotélica. Hoje, as grandes mentes da teologia reconhecem um enorme molho de chaves hermenêuticas, porque estas se relativizaram em nome de uma apreensão cada vez mais profunda e multiperspectivista daquela que deve exclusivamente permanecer como absoluta na reflexão cristã, a saber, a Bíblia, como texto autoritativo e fundante da tradição cristã.

Este importante passo foi possível por causa de um grande avanço na filosofia da linguagem e da interpretação, e com o aparecimento da chamada hermenêutica filosófica, a partir do clássico *Verdade e Método*, de Hans-Georg Gadamer, nos anos sessenta. A partir de então, e principalmente devido ao empurrão dado pelos filósofos franceses pós-estruturalistas como Jacques Derrida e Michel Foucault, tornou-se possível perceber que toda a teologia é discursiva, e todo discurso carece de interpretação, e toda interpretação é condicionada à formação cultural e intelectual do leitor, bem como condicionada igualmente pelos seus interesses sociopolíticos e pela sua psicologia profunda.

Alguns podem ver em tudo isso um profundo relativismo. O que se pretende, no entanto, é mostrar que a atual conjuntura intelectual nos ajuda a redescobrir a relatividade daquilo que de fato é relativo, mas que foi indevidamente absolutizado, para que nos salte aos olhos de forma mais precisa o que de fato deve ser tratado como absoluto. Quando os cristãos insistem em não relativizar o que é relativo, estão fabricando ídolos na mente e no coração. E a Bíblia nos ensina que a saúde espiritual é incompatível com a idolatria.

Resta alertar aos leitores que a consciência dos desenvolvimentos acadêmicos acima descritos, bem como o progresso da teologia por meio de um diálogo profícuo com as filosofias e as ciências contemporâneas, longe de ser um empecilho para a atuação das igrejas, é um caminho melhor para a relevância e o cumprimento da missão. Além disso, longe de ser um empecilho para o cultivo de uma espiritualidade pessoal, é um caminho que livra o cristão de hoje de uma proposta de vida ultrapassada, dogmática, legalista e sectária que ainda hoje está sendo proposta aos crentes nas igrejas mais conservadoras, e permite o desenvolvimento de uma espiritualidade existencial, que deixa de ser mero sistema teórico de pensamento e exige o discipulado cristão e o engajamento missionário.

LITERATURA E TEOLOGIA

José Carlos Barcellos

Nos últimos anos, registra-se um crescente interesse pela aproximação entre literatura e teologia, tanto no âmbito dos estudos literários, quanto no dos estudos teológicos. Para os estudos literários, a abertura à teologia constitui um passo importante no processo de superação de uma pesada herança que vem do positivismo e passa, entre outros momentos, pelo estruturalismo e pelo marxismo, tendo como denominador comum uma visão bastante reducionista do ser humano, ao qual se amputa de modo arbitrário qualquer dimensão de abertura ao mistério e à transcendência. Para os estudos teológicos, por sua vez, o apelo à literatura pode ser um precioso instrumento de contacto com a experiência humana e cristã, para além dos aportes – e dos eventuais limites – da filosofia e das ciências humanas. No entanto, o processo de constituição de um campo interdisciplinar propriamente dito depara-se com inúmeras dificuldades teóricas e práticas, nem sempre superadas de maneira adequada.

Em primeiro lugar, é preciso mencionar a questão teórico-conceitual. Literatura e teologia, literatura e religião, literatura e sagrado, literatura e espiritualidade, literatura e cristianismo ou literatura e Bíblia, por exemplo, são expressões que apontam não apenas para diferentes áreas de pesquisa, como sinalizam ainda para o recurso a fundamentações teórico-metodológicas diversas. Os conceitos, como se sabe, são instrumentos de análise solidários aos campos do saber dos quais procedem e com os quais mantêm estreitas e complexas relações epistemológicas, cujo controle é fundamental para o trabalho científico. Assim sendo, a opção por um conceito é, na verdade, a opção por toda uma linha de pesquisa, o que condiciona de antemão – e de maneira decisiva – todas as possibilidades ulteriores da investigação a ser desenvolvida. Desse modo, os diferentes exemplos mencionados caracterizam tipos de estudo diversos e, muitas vezes, irredutíveis entre si. Neste texto, vamo-nos ater exclusivamente a literatura e teologia.

Uma segunda dificuldade de monta está no caráter puramente retórico que o recurso à literatura apresenta em muitos dos trabalhos que têm vindo a lume.

De fato, é muito freqüente depararmo-nos com textos em que se citam alguns versos de um poema ou se menciona uma passagem de um conto ou de um romance, por exemplo, como mero pretexto para o levantamento de questões teológicas que, num segundo momento, serão desenvolvidas de maneira completamente autônoma em relação ao texto literário que serviu de ponto de partida à reflexão. Esse tipo de recurso evidentemente é legítimo, mas não caracteriza, de maneira nenhuma, um estudo interdisciplinar. A literatura entra aí como uma estratégia para captar a benevolência do leitor ou então serve apenas como exemplo ou ilustração do ponto que se quer desenvolver. Em momento nenhum, é levada a sério como forma de conhecimento da realidade. Aliás, esse tipo de confusão entre retórica e hermenêutica é bastante freqüente na crítica literária contemporânea, sobretudo nos assim chamados estudos culturais, e não é exclusividade das tentativas de aproximação entre literatura e teologia.

Em terceiro lugar, cabe mencionar o fato de muitas das leituras teológicas da literatura que vêm sendo apresentadas pressuporem um leitor já sintonizado com questões teológicas e predisposto a aceitar que as obras literárias se abram "naturalmente" a perspectivas teológicas. Ou seja, trata-se de textos críticos que se dirigem a uma espécie de "público interno", perante o qual não vêem a necessidade de justificar minimamente as aproximações feitas. Ora, nesse caso, ignora-se uma das dimensões mais importantes de qualquer trabalho inovador que envolva a literatura, a saber, a comprovação, diante dos críticos e dos leitores atentos, de que a nova perspectiva trilhada efetivamente amplia, aprofunda e enriquece as possibilidades de compreensão da obra literária em tela.

Tampouco é suficiente, para a constituição do campo interdisciplinar, a mera justaposição de uma análise literária a uma análise teológica de uma dada obra. Esse tipo de procedimento só muito superficialmente pode dar a impressão de estar atendendo ao projeto de aproximação entre literatura e teologia. Se se seguem análises paralelas, não há nenhuma contribuição efetiva de uma disciplina à outra, nem no plano teórico-conceitual nem no plano metodológico. Por isso mesmo, é preciso uma certa reserva diante do modelo do "diálogo", freqüentemente invocado como paradigma de aproximação entre ambas as disciplinas. Se por "diálogo" se entende a justaposição de análises paralelas, mesmo quando elaboradas pelo mesmo estudioso, muito pouco se avança na perspectiva da constituição de um campo interdisciplinar.

A essas e outras dificuldades já se antecipavam, de maneira pioneira, em 1976, Johann Baptist Metz e Jean-Pierre Jossua, no editorial de um número da revista *Concilium*, dedicado ao tema "teologia e literatura":

(...) não se trata de dar continuidade às tentativas de uma teologia "poética" ou da "espiritualidade", conhecidas de todas as épocas e caracterizadas pelo vago e arbitrário. O que se pretende, pelo contrário, é encontrar na forma literária um novo rigor que permita à teologia prosseguir seu trabalho peculiar, numa época que não se parece nem com a da abstração nem com a do sistema. É evidente que o que está em causa é mais que um certo estilo, é uma preocupação dominante em recorrer à experiência cristã, a observação profunda dos intercâmbios incessantes entre essa experiência e a confissão de fé (JOSSUA, METZ, 1976, p. 2-5).

Assim, consoante a lição de Jossua e Metz, é preciso evitar com cuidado que a aproximação entre literatura e teologia resvale no vago e no arbitrário, para que a mesma possa contribuir de maneira eficaz à consolidação de um novo modo de se fazer teologia, que dê à experiência cristã o lugar que lhe cabe no processo de intelecção da fé. Para tanto, a literatura há de ser considerada como muito mais do que uma mera ilustração ou exemplo a ser convocado para amenizar a aridez do discurso teológico tradicional, em seus processos de abstração e de sistematização. É preciso considerá-la como uma forma singular de conhecimento da realidade e respeitar sua especificidade enquanto tal.

1- Delimitando o campo interdisciplinar

A primeira operação importante para a delimitação do campo interdisciplinar literatura e teologia é estabelecer uma noção de literatura pautada pelo critério de literariedade, o que de antemão exclui formas mais abrangentes de compreensão e utilização desse termo, bem como uma noção estrita de teologia, como discurso crítico sobre a fé e seus conteúdos, que se constrói dentro do horizonte hermenêutico instaurado por essa mesma fé. Desse modo, ficam fora do campo interdisciplinar inúmeros estudos, que podem ser válidos e relevantes, mas que não se constroem a partir das noções apresentadas nem propõem nenhum tipo de reflexão teológica. Referimo-nos, por exemplo, aos estudos que buscam estabelecer relações intertextuais entre obras literárias e a Bíblia ou outros textos de cunho religioso. Referimo-nos também a uma certa filosofia religiosa da linguagem e da literatura, que busca refletir sobre o papel que a palavra, a escrita e até os diferentes gêneros literários têm no âmbito das grandes religiões monoteístas, caracterizadas como religiões do Livro. Ou ainda, a qualquer estudo de temas ou personagens religiosos na literatura, em perspectiva diacrônica ou não.

Dois tipos de estudo merecem aqui uma consideração mais atenta. O primeiro é aquele que se detém sobre a presença de temas religiosos ou mesmo teológicos na literatura, mas o faz como um aspecto, entre outros, da cultura de uma dada sociedade num certo momento histórico. Para caracterizarmos esse tipo de estudo, um exemplo pode nos ajudar. O romance *Os Noivos*, de Alessandro Manzoni, é uma obra profundamente impregnada de valores cristãos. Tanto o discurso do narrador quanto o de boa parte dos personagens mostram-se, a todo momento, marcados por uma perspectiva de fé, que aponta para uma inequívoca visão de mundo cristã. Temas como a confiança na Divina Providência, a importância da caridade e da oração, a esperança na conversão do pecador, a necessidade de perdoar para ser perdoado etc. aparecem a cada passo dessa obra, que é seguramente o mais importante romance italiano do século XIX. Ora, um estudo que se limitasse a tornar patente essa presença de aspectos fundamentais da fé cristã em *Os Noivos* (ou, para citarmos um exemplo de língua portuguesa, em *Carlota Ângela*, de Camilo Castelo Branco) e a procurar entendê-la em termos da economia narrativa da obra ainda não seria um estudo interdisciplinar propriamente dito. Estaríamos ainda apenas no âmbito dos estudos literários, desenvolvendo um tipo de estudo que busca evidenciar os estratos culturais nos quais determinada obra deita raízes. Nessa perspectiva, a fé religiosa nada mais é que um aspecto da cultura de um povo, análogo, de resto, aos valores morais, aos códigos de honra, às idéias filosóficas e pedagógicas, às relações de trabalho, à organização social e política, e, mais amplamente, à culinária, à arquitetura ou ao vestuário. Estudar a fé religiosa como uma dimensão da cultura presente numa obra literária não implica necessariamente nenhuma forma de reflexão teológica. Por isso, nesse tipo de estudo, ainda se estaria aquém do campo interdisciplinar de que estamos falando.

Fora também do campo interdisciplinar estaria o estudo de uma obra literária que se limitasse a buscar na teologia algum conceito operacional para servir de instrumental hermenêutico na leitura da obra em questão. De fato, no âmbito dos estudos literários é muito freqüente o recurso a outras áreas do conhecimento em busca de instrumentos de leitura para a análise e interpretação das obras em estudo. Recorre-se amiúde a conceitos filosóficos, sociológicos, antropológicos, psicanalíticos etc., de maneira puramente instrumental. Esse tipo de estudo, no entanto, não caracteriza, em sentido estrito, uma perspectiva interdisciplinar, pois não se trata de trabalhar simultaneamente com duas disciplinas, respeitando-lhes os respectivos objetivos e métodos, mas tão-somente de utilizar um conceito importado de uma delas para operações interpretativas próprias da outra. Da mesma maneira como, na análise e interpretação de um texto literário, podem-se empregar conceitos como classe social, aculturação, trauma ou alteridade, sem que se esteja elaborando um saber sociológico, antropológico, psicanalítico ou filosófico, em sentido próprio, assim também, pode-se recorrer a conceitos como epifania, santidade, sacramento, escatologia ou profetismo, por exemplo, sem que se esteja levando a cabo nenhuma forma de reflexão teológica. Nesses casos, os conceitos importados da teologia servem apenas de instrumental hermenêutico para a melhor compreensão dos textos literários. Seria o caso, por exemplo, de um estudo que recorresse ao conceito de epifania para a interpretação de "A terceira margem do rio", de Guimarães Rosa, ou aos conceitos de confissão e penitência para entender o percurso de Paulo Honório, como personagem e narrador, em *São Bernardo*, de Graciliano Ramos.

2 - Constituindo o campo interdisciplinar

Para a constituição do campo interdisciplinar, além de um conceito estrito de literatura e de teologia, é fundamental levantar a questão do *método*. Historicamente, vários métodos válidos de aproximação entre literatura e teologia têm sido propostos. Atendem, como é natural, a distintos propósitos e dependem de diferentes embasamentos teóricos. A opção por um ou por outro deve ser feita em função dos objetivos a serem alcançados e, como é corrente no âmbito dos estudos literários, das características do objeto de análise que se tem em mãos. Cada método de leitura revela-se mais ou menos produtivo, consoante a especificidade do texto literário a ser estudado. Nesse sentido, há sempre um momento prévio, de caráter intuitivo, que deve orientar a eleição do método mais adequado ao estudo a ser empreendido.

Isso posto, podemos distinguir uma primeira forma de aproximação entre literatura e teologia naqueles estudos de caráter histórico, que procuram mostrar a dependência de determinadas obras literárias em relação a correntes específicas do pensamento teológico. É o caso de dois estudos excepcionais, publicados há alguns anos entre nós. Refiro-me a *Teatro do sacramento*: a unidade teológico-retórico-política dos sermões de Antônio Vieira, de Alcir Pécora (PÉCORA, 1994), e a *O roteiro de Deus*: dois estudos sobre Guimarães Rosa, de Heloísa Vilhena de Araújo (ARAÚJO, 1996). No primeiro, Alcir Pécora postula que a teologia vieiriana estaria marcada pela neo-escolástica, pela espiritualidade inaciana e por aquilo que ele chama de deslocamento da mística. Em seu trabalho sobre Guimarães Rosa, por sua vez, Heloísa Vilhena de Araújo estuda o influxo da teologia de São Boaventura e da mística renano-flamenga em textos do grande escritor mineiro. Em ambos os casos, segue-se o tradicional método histórico-crítico, em que se procura comprovar as hipóteses apresentadas tanto em termos documentais, quando é o caso, quanto em termos hermenêuticos, sempre fazendo recurso à comparação de textos. Nesses casos, os estudiosos não se limitam a constatar a presença de elementos religiosos ou teológicos nas obras em questão, mas empreendem uma profunda reflexão acerca da maneira como as obras assimilam, dialogam, adaptam e dão forma literária às correntes teológicas das quais dependem.

Um segundo método poderia ser chamado de leitura teológica da literatura. Trata-se de ir à literatura em busca de um testemunho qualificado acerca de uma dada realidade humana e de, num segundo momento, refletir sobre a realidade assim apreendida a partir dos métodos próprios da teologia. Esse tipo de abordagem é potencialmente muito fecundo e, a rigor, pode ser aplicado a qualquer obra literária, na medida em que qualquer obra literária é sempre um testemunho acerca de um aspecto da condição humana no mundo e não há nenhum aspecto dessa condição que não seja passível de uma perspectivação teológica.

Entre nós, foi magnificamente desenvolvido, com excelentes resultados, por Antônio Manzatto, em seu trabalho *Teologia e literatura*: reflexão teológica a partir da antropologia contida nos romances de Jorge Amado (MANZATTO, 1994). De fato, a literatura de Jorge Amado é um testemunho excepcional de uma certa situação humana muito específica – que se poderia considerar típica de amplas camadas da sociedade brasileira e latino-americana, em geral – em que as mais variadas formas de opressão, humilhação e desumanização convivem com uma grande alegria de viver, um sentido muito agudo da festa e do prazer e uma abertura positiva à vida, à esperança e ao futuro. Não há dúvida de que essa problemática é muito rica para uma leitura teológica informada por alguns temas básicos da teologia contemporânea como o Deus da vida, a libertação, o protagonismo popular etc. Observe-se bem que, nesse caso, a literatura não serve apenas de exemplo para os temas teológicos que se quer desenvolver, mas, pelo contrário, constitui o próprio instrumento de aproximação da realidade em busca do dado teologizável propriamente dito. Por outras palavras, nesse método, a literatura substitui a filosofia e as ciências humanas (ou com elas se conjuga) para fornecer ao teólogo uma visão qualificada da realidade sobre a qual ele pretende refletir teologicamente. Na boa utilização da literatura por parte desse método, salvaguarda-se, outrossim, sua especificidade enquanto forma de conhecimento da realidade, como Manzatto insiste, com grande lucidez, em várias passagens de seu livro.

Apesar de, conforme dissemos acima, esse método poder ser aplicado a qualquer obra literária, no caso das grandes obras-primas da literatura, seu emprego pode parecer às vezes um pouco empobrecedor e simplificador, pois implica considerá-las testemunhos acerca de determinadas situações humanas relativamente bem delimitadas, sobre as quais se irá refletir, a partir da teologia, num momento posterior. Para comprovar essa dificuldade, basta pensar em obras como *Dom Quixote*, de Cervantes, ou *Ulisses*, de James Joyce. Com obras desse porte, dificilmente se obteriam resultados tão bons quanto os obtidos por Manzatto ao trabalhar com um autor como Jorge Amado.

Um terceiro método, que, de alguma maneira, tangencia esse segundo, foi proposto pelo teólogo belga Adolphe Gesché, coincidentemente o orientador do trabalho de Antônio Manzatto. Gesché sugere, num texto seminal (GESCHÉ, 1995), que a literatura seja considerada a epistemologia da teologia. Sua idéia é a de que o grande desafio da teologia é falar para o homem de hoje de maneira relevante e significativa e que, para tanto, a teologia deveria "provar-se" no confronto com a grande literatura e com a antropologia que esta apresenta. Por outras palavras, não seria relevante para o mundo atual uma teologia que ficasse aquém da complexidade e profundidade da visão de mundo de um Kafka, um Borges, um Beckett ou um Fernando Pessoa. Não se trata, é claro, de "responder" a esses autores nem de fazer calar os questionamentos por eles levantados, mas, pelo contrário, de levá-los a sério, antes de propor respostas fáceis e apressadas aos grandes enigmas da condição humana no mundo. A sugestão de Gesché é muito fecunda, sobretudo, quando se trata de autores da envergadura dos acima citados. Nesses casos, como vimos, o segundo método apontado, o da leitura teológica das obras literárias, pode parecer muitas vezes um tanto redutor, uma vez que se está lidando com universos literários de extrema complexidade. O método de Gesché tem a vantagem de respeitar e preservar essa complexidade, tomando-a em bloco como o desafio a cuja altura a teologia deve procurar estar.

Um quarto modo de se trabalhar literatura e teologia em perspectiva interdisciplinar busca responder à questão acerca da possibilidade de se falar, de maneira rigorosa, na teologia de um autor ou de uma obra literária. Em que medida e em que condições poderíamos falar na teologia de Dostoiévski, de Julien Green ou de Lezama Lima, por exemplo? Observe-se, de passagem, que essa questão é análoga à da possibilidade de se falar de uma sociologia em Balzac, Zola ou Eça de Queirós, ou ainda de uma psicologia em Shakespeare ou Machado de Assis, por exemplo. No que tange à teologia, foi Pie Duployé quem levantou essa questão, de maneira sistemática e em toda a sua amplitude, em sua tese sobre Charles Péguy, apresentada em Estrasburgo, em 1964 (DUPLOYÉ, 1978). Nesse trabalho pioneiro, Duployé sustenta que, na obra de Péguy, encontra-se uma teologia sob forma literária e que essa teologia só pode ser compreendida, na medida em que se respeitar a própria forma literária em que se encontra expressa.

Muitas e importantes conseqüências, do ponto de vista metodológico, derivam dessa maneira de equacionar a questão. Em primeiro lugar, não se trata de fazer uma leitura teológica de uma dada obra literária, como no segundo método apontado, mas, sim, de postular que essa mesma obra, através dos próprios mecanismos da literatura, já proponha uma teologia. Isso, evidentemente, não poderia ser afirmado acerca de qualquer obra literária, mas tãosomente acerca de algumas poucas. Quando é que isso se verifica? Para responder a essa pergunta, precisamos recordar que as obras literárias se constroem a partir da desfamiliarização da linguagem e da visão de mundo correntes. Pelos processos de estranhamento, no nível da linguagem e da estrutura da obra, somos levados a rever e a reelaborar nossa percepção do mundo e da vida. Pode-se falar em teologia numa obra literária, portanto, quando, nesse processo de reelaboração sintática e semântica, forem colocadas em causa idéias cristalizadas acerca dos significados da fé e de seus conteúdos. Cabe observar que esse processo, quando se dá de maneira cabal, está presente em todos os níveis da obra em questão e não apenas na temática, na imagética ou no desenvolvimento do enredo.

No romance *San Manuel Bueno, Mártir*, de Miguel de Unamuno, por exemplo, encontramos um padre de aldeia que perdeu a fé, mas que se esmera em ser um excelente padre devido a seu sentido de responsabilidade para com os paroquianos, que nele confiam cegamente. Para não defraudá-los nem escandalizá-los em sua fé de pessoas simples, o protagonista segue adiante em seu ministério, de maneira extremamente dedicada, não obstante sua própria descrença. Em sua entrega aos outros, o padre Manuel de tal modo se esvazia de si mesmo, que chega a relativizar inclusive o que ele considera a sua falta de fé pessoal. Ora, esse romance está levantando, obviamente, um sutil e profundo questionamento acerca da própria noção de fé e de sua relação com a caridade e, ao fazê-lo, está propondo uma teologia. O mesmo poderíamos dizer acerca da novela "Padre Sérgio", de Tolstoi, e dos contos "A Maria Lionça", de Miguel Torga, e "Retábulo de Santa Joana Carolina", de Osman Lins, em relação à noção de santidade. Nesses três textos, registra-se uma curiosa convergência na perspectivação teológica da questão da santidade e de sua relação com as práticas eclesiais e a vida sacramental. De diferentes maneiras, elabora-se em cada um deles uma teologia que coloca em primeiro plano a vida cotidiana e suas vicissitudes como lugar privilegiado do seguimento de Cristo, em detrimento dos ambientes e das práticas comumente considerados religiosos.

Mas, como temos acesso a esse tipo de teologia, que se apresenta de forma não-teórica, em uns tantos textos literários? Qual é o método que nos permite aceder ao pensamento teológico assim articulado? Quem melhor explicou esse processo foi Ernst Josef Krzywon, em dois pequenos textos, extremamente lúcidos e esclarecedores (KRZYWON, 1974, 1975). Partindo da gramática gerativo-transformacional, com sua distinção entre competência e *performance* lingüística, e da aplicação dessa distinção à teoria da literatura por Jens Ihwe, Krzywon postula a existência de uma competência teológico-literária que possibilitaria a leitores e críticos desentranhar o significado teológico de obras literárias. Ou seja, da mesma maneira que os usuários de uma língua têm uma competência lingüística específica, que lhes permite os atos concretos de uso da mesma, tanto como receptores quanto como emissores, os leitores treinados desenvolvem uma análoga competência literária, que lhes permite mover-se com facilidade no mundo dos textos literários e que, em alguns casos, pode se desdobrar numa competência teológico-literária específica, que lhes permite ver na própria trama de alguns textos literários a possibilidade de articulação de significados teológicos. Para Krzywon, o estudo dessa competência ideal – já que a competência empírica varia enormemente de leitor para leitor – caberia à teologia da literatura, que ele entende como parte dos estudos literários (e não da teologia, note-se bem). O método de trabalho, portanto, é a própria hermenêutica literária, em sua imensa variedade e riqueza, com a contribuição subsidiária da teologia.

Foi a partir da tese de Duployé, que se adiantou a polêmica proposta de se considerar a literatura um *lugar teológico*. Quem, pela primeira vez, trouxe esse conceito para o âmbito do estudo interdisciplinar da literatura e teologia foi Marie-Dominique Chenu, num texto de 1969, que saúda de maneira entusiasta o trabalho de seu confrade dominicano sobre Péguy. É importante observar que Duployé nunca fala em lugar teológico; fala, sim, como vimos, em teologia sob forma literária. Chenu tampouco desenvolve a questão: apenas no título de seu artigo emprega a expressão "lugar teológico". Essa maneira de colocar a questão é muito curiosa, pois corresponde a uma forma sutil de se voltar ao paradigma de uma teologia tradicional e, de algum modo, "ignorar" a imensa novidade de perspectivas aberta pelo pensamento de Duployé, não obstante todos os elogios que Chenu lhe faz. O que há de problemático (e não de errado, note-se bem) na tentativa de situar a literatura dentro da teoria dos lugares teológicos é que, no âmbito desse quadro de referências, a literatura será sempre um lugar teológico secundário em relação aos lugares teológicos próprios (a Bíblia, os Concílios, os Santos Padres, o Magistério pontifício, a Liturgia etc.). Portanto, a possibilidade de a literatura contribuir efetivamente para a intelecção da fé já está de antemão relativizada. A própria lógica interna da teoria dos lugares teológicos implica que qualquer eventual contribuição da literatura ao conhecimento da fé já se encontre de maneira mais ampla e completa nos lugares teológicos tradicionais. Na prática, a literatura volta a ser uma mera fonte de exemplos ou de ilustrações para as verdades de fé, conhecidas de fato através de outras fontes.

Ora, a novidade mais incisiva e instigante dessa quarta perspectiva, a saber, a da possibilidade de se considerarem algumas obras literárias como forma não-teórica de teologia, está em perguntarmo-nos se, através dessas obras, nossa compreensão da fé pode crescer e aprofundar-se, de maneira análoga ao que acontece quando freqüentamos os grandes teólogos e escritores espirituais. Ou seja, trata-se de saber se um romance como *Grande sertão: veredas*, de Guimarães Rosa, traz ou não uma efetiva contribuição à compreensão teológica do mal e do demônio, por exemplo; ou se os romances de Dostoiévski ampliam e aprofundam nossa visão das relações entre pecado e graça; ou ainda se *El gran teatro del mundo*, de Calderón de la Barca, lança uma luz nova à compreensão do destino sobrenatural de cada ser humano e de como a Divina Providência, pelas vicissitudes da vida, nos conduz à salvação. Do ponto de vista católico, dificilmente se poderia negar, pelo menos em tese, essa possibilidade. O próprio Concílio Vaticano II, na Constituição Dogmática *Dei Verbum,* sobre a Divina Revelação, ensina que "cresce (na Igreja), com efeito, a compreensão tanto das coisas como das palavras transmitidas, seja pela contemplação e estudo dos que crêem, os quais as meditam em seu coração (cf. Lc 2,19 e 51), seja pela íntima compreensão que experimentam das coisas espirituais" (DV 8). É evidente que nada impede que esse processo, descrito pelo documento conciliar, se exprima, em alguns casos, através de textos literários.

Um quinto método para a aproximação entre literatura e teologia em perspectiva interdisciplinar é o método da analogia estrutural, proposto por Karl-Josef Kuschel (KUSCHEL, 1999). Ao apresentá-lo, Kuschel distingue e recusa dois outros métodos, que chama respectivamente de confrontativo e de correlativo. O primeiro, que seria próprio do pensamento de Kierkegaard e de Karl Barth, em meio protestante, e da neo-escolástica católica, reduziria a perspectivação das relações entre literatura e teologia ao confronto entre erro e verdade. O segundo, típico do pensamento de Paul Tillich e dos teólogos católicos do Vaticano II, vê a aproximação entre literatura e teologia a partir do paradigma pergunta-resposta. Ou seja, caberia à literatura levantar as grandes questões acerca do mundo e da vida e à teologia, dar as respostas adequadas a essas indagações. Ora, argumenta Kuschel, ambos os métodos dispõem da literatura para fins próprios. Em última análise, ambos negam à literatura qualquer forma efetiva de relevância em relação à teologia. O primeiro, por reduzi-la ao erro, e o segundo, de maneira mais sutil, por atribuir-lhe o papel de veículo das grandes indagações humanas para as quais a teologia teria as respostas corretas. Diga-se, de passagem, que o método correlativo lamentavelmente está muito presente nos estudos atuais sobre literatura e teologia. Nele, o papel da literatura como forma de conhecimento da realidade sai amesquinhado e empobrecido frente a uma teologia que supostamente já é detentora de todas as respostas válidas e necessárias e que, a rigor, prescinde da literatura para sua articulação discursiva.

Em oposição aos métodos confrontativo e correlativo, Kuschel apresenta o método da analogia estrutural. Através dele, o que se busca é estabelecer um caminho de mão dupla entre a literatura, independentemente de sua temática e de sua eventual dependência de uma cultura cristã, e a teologia, de maneira que ambas as formas de conhecimento do mundo possam dialogar, trocar contribuições, corrigir-se mutuamente etc. Como lembra o autor, analogia implica reconhecer simultaneamente correspondências e diferenças e, desse modo, cada uma das duas aproximações à realidade mantém a sua independência e especificidade, não obstante os aportes válidos que uma possa trazer à outra. Não se trata, pois, nem de subordinar nem de reduzir a literatura à teologia ou vice-versa, mas, sim, de sustentar a ambas como igualmente válidas e relevantes para uma aproximação mais completa ao fenômeno humano, inclusive em sua dimensão de fé e de crítica da fé.

O próprio Kuschel utilizou o método da analogia estrutural, com excelentes resultados, em sua obra *No espelho dos escritores* (KUSCHEL, 1997). Pode-se dizer que se trata de uma primeira tentativa de se elaborar uma teologia fundamental relativamente completa, pelo menos em suas linhas básicas, em diálogo com a literatura. Dividida em três partes – "O enigma do homem", "O abismo de Deus", "O rosto de Jesus" –, cada uma delas, por sua vez, dividida em vários capítulos, centrados em determinados autores ou correntes literárias, a obra desenvolve alguns temas centrais da teologia fundamental num constante diálogo com a literatura do século XX, de inspiração cristã ou não.

Um sexto método de aproximação entre literatura e teologia encontramos no trabalho que, a partir do pensamento de Hans Urs von Balthasar, vem desenvolvendo Cecília Avenatti de Palumbo, da Universidade Católica Argentina. O grande teólogo suíço, falecido em 1988, distinguiu-se, sobretudo, pela recuperação de categorias estéticas no âmbito da teologia católica. Assim, construiu sua monumental *Trilogia – Glória*: uma estética teológica, *Teodramática*, *Teológica* – a partir dos três grandes transcendentais da filosofia clássica, a saber, a beleza, o bem e a verdade, e nela utilizou abundantemente fontes artísticas e literárias. No entanto, von Balthasar não chegou a elaborar um método interdisciplinar propriamente dito, que pudesse ser proposto como modelo para trabalhos ulteriores. Essa lacuna vem sendo preenchida pelos textos publicados por Cecília Avenatti (AVENATTI DE PALUMBO, 2002, 2007a).

Basicamente se poderia resumir o método que Cecília Avenatti extrai do pensamento balthasariano pela tríade *figura, drama, verdade*. Em suas próprias palavras, trata-se de que "a visão estética da figura (nos introduza) na dramaticidade da existência e na dialogicidade da verdade" (AVENATTI DE PALUMBO, 2002, p. 344). Ou seja, o método parte de uma análise das configurações estéticas presentes numa dada obra (a visão da beleza) e busca investigar a maneira como essas configurações apontam para o caráter conflitivo e dilemático – tantas vezes, paradoxal – da condição humana no mundo (a luta pelo bem), num processo que vai desvelando paulatinamente o caráter dialógico e sinfônico (católico, portanto) da verdade. É, pois, através da análise da literatura como figura estética que se torna patente o caráter dramático da existência humana no mundo e que se abre caminho a um movimento em direção à plenitude da verdade. Como se vê, trata-se de um método que supõe uma ampla e complexa leitura teológica da realidade – de fortes acentos cristológicos e pneumatológicos –, em que a compreensão da dramaticidade da vida, percebida mediante a visão da figura (a beleza como esplendor do bem, como queriam os antigos), abre caminho à epifania da verdade. Ao contrário de outros métodos, a perspectiva teológica aqui é anterior à análise das obras literárias particulares e essa perspectiva enforma toda a abordagem das mesmas.

Seguindo uma das intuições mais profundas da teologia de von Balthasar, elaborada em sua leitura simultânea de Erich Przywara e de Karl Barth, o método supõe que, em Cristo, a analogia do ser seja integrada à analogia da fé. Isto é, todas as criaturas mantêm sua forma (*eidos*) própria, relativamente autônoma, como pré-condição ao esvaziamento (*kénosis*) que a encarnação de Cristo implica no processo de assunção e salvação de todo o criado. Desse modo, preservadas a liberdade e a autonomia próprias do mundo, que a analogia do ser pressupõe, pode-se integrá-las harmonicamente no âmbito da analogia da fé, pois é esse mundo que é assumido e salvo em Cristo. Eis por que, ao estudarmos obras literárias nessa perspectiva, a passagem da análise da figura estética (análise da forma, portanto) à percepção do caráter dramático da ação humana na história, que é história de perdição e história de salvação simultaneamente, abre caminho à manifestação cada vez mais plena da verdade, que é o próprio Cristo, verdadeiro Deus e verdadeiro homem.

O método proposto por Cecília Avenatti é, em princípio, muito fecundo, mas, ao mesmo tempo, muito sutil e delicado, e sua aplicação à análise de obras literárias específicas precisa ser feita com muito cuidado, para que não se caia em algum dos desvios que vimos apontando ao longo deste texto e se permita, assim, que ele possa mostrar todo o seu rico potencial hermenêutico. Pensamos, por exemplo, na análise do Príncipe Míchkin, de *O Idiota*, de Dostoiévski, como figura crística, ou na questão do martírio no *Romanceiro da Inconfidência*, de Cecília Meireles, ou ainda no percurso do narrador de *Em busca do tempo perdido*, de Proust, em pós de uma realidade cada vez mais fugidia que, paradoxalmente, só mostra alguma consistência enquanto tempo perdido e tempo recuperado, entre outras obras que, estudadas a partir da tríade figura-drama-verdade, poderiam revelar aspectos extremamente ricos para o nosso campo de pesquisa.

3 - Literatura e teologia para quê?

Ao longo dos parágrafos anteriores, viemos procurando delimitar e constituir o campo interdisciplinar literatura e teologia, ainda que reconhecendo a eventual relevância de outras formas de estudo, que apontamos como exteriores a esse campo propriamente dito. Cabe agora perguntar por que é tão urgente insistir nessas questões teórico-metodológicas e tão importante configurar o campo interdisciplinar.

A resposta a essas perguntas encontramos no próprio movimento de aproximação entre os estudos literários e os estudos teológicos, que descrevemos no primeiro parágrafo deste texto. Para os estudos literários contemporâneos, o encontro com a teologia implica o reconhecimento de que a realidade humana tem uma dimensão inegável de abertura à transcendência e ao mistério. Como escreve Antônio Blanch,

> *não se vê por que se deva considerar o sujeito humano como necessariamente limitado pela percepção de dados e bens particulares, negando-lhe o que em tantas ocasiões ocorre de maneira indiscutível: a possibilidade de escolher horizontes ilimitados e inclusive um bem que se supõe sempre maior e até supremo* (BLANCH, 1995, p. 409).

Mais ainda, o encontro com a teologia pode vir a ter, para os estudos literários, o saudável efeito de permitir que se vislumbre o quanto a literatura ocidental – e, de maneira muito particular, em vários de seus nomes cimeiros – está impregnada de cristianismo, o que, em muitos ambientes acadêmicos, tem sido completamente descurado, não obstante os exemplos óbvios de Dante, Petrarca, Gil Vicente, Camões, Milton, Dostoiévski ou Hopkins. No entanto, para que se estabeleça uma interlocução efetiva e fecunda nessa linha, é preciso que os estudos que venham a lume sigam com rigor os parâmetros teórico-metodológicos próprios dos estudos literários. Por outras palavras, para que a abertura às questões teológicas possa ser percebida como válida e relevante por parte de críticos literários e de leitores atentos, é preciso que os estudos que a veiculem sejam, de fato, boa crítica literária, consistente e bem fundamentada. Nesse campo, qualquer improvisação ou inconsistência revela-se completamente contraproducente.

O mesmo é válido para a área dos estudos teológicos. A aproximação com a literatura só trará uma contribuição efetiva à renovação da teologia, seja no campo metodológico, seja no dos temas ou no do próprio estilo do discurso teológico, na medida em que os estudos apresentados possam reivindicar legitimamente o estatuto de boa teologia, rigorosa, séria e bem documentada. Caso contrário, permanecemos no campo das aproximações vagas, impressionistas e destituídas de qualquer valor heurístico ou gnosiológico. Nesse contexto, cabe lembrar que é muito freqüente afirmar-se que a aproximação entre literatura e teologia deva ser feita a partir de uma teologia sapiencial, simbólica ou espiritual e não, a partir da teologia sistemática, em sentido próprio. Ora, não obstante toda a importância da teologia sapiencial, simbólica ou espiritual – que estamos longe de querer negar –, é preciso lembrar que, se não se defrontar com os grandes tratados da teologia sistemática, dificilmente a aproximação entre literatura e teologia poderá contribuir, de maneira efetiva, a uma renovação profunda do pensamento teológico e da vida eclesial que dele se alimenta. Nesse sentido, é fundamental que aqueles que se dedicam ao campo interdisciplinar tenham a disposição e a competência necessárias para abordar as grandes questões cristológicas, trinitárias, eclesiológicas ou escatológicas em seu trabalho com a literatura. Só assim se pode esperar que a aproximação entre literatura e teologia possa conduzir a resultados consistentes e duradouros.

Referências bibliográficas

ARAÚJO, Heloísa Vilhena de. *O roteiro de Deus*: dois estudos sobre Guimarães Rosa. São Paulo: Mandarim, 1996.

AVENATTI DE PALUMBO, Cecilia Inés. *La literatura en la estética de Hans Urs von Balthasar*: figura, drama y verdad. Prólogo de Olegario González de Cardedal. Salamanca: Ediciones Secretariado Trinitario, 2002.

AVENATTI DE PALUMBO, Cecilia Inés. *Lenguajes de Dios para el siglo XXI*: estética, teatro y literatura como imaginarios teológicos. Juiz de Fora/Buenos Aires: Ed. Subiaco/Universidad Católica Argentina, 2007a.

AVENATTI DE PALUMBO, Cecilia Inés (org.). *Actas del Primer Coloquio Latinoamericano de Literatura y Teología*. Buenos Aires: Asociación Latinoamericana de Literatura y Teología – ALALITE, 2007b (CD ROM).

BALTHASAR, Hans Urs von. *Gloria*: una estetica teologica. Milão: Jaca Book, 1985ss, 7 vols.

BALTHASAR, Hans Urs von. *Teodrammatica*. Milão: Jaca Book, 1987ss, 5 vols.

BALTHASAR, Hans Urs von. *Teologica*. Milão: Jaca Book, 1989, 3 vols.

BARCELLOS, José Carlos. Literatura e teologia: perspectivas teórico-metodológicas no pensamento católico contemporâneo. *Numen*: revista de estudos e pesquisa da religião, Juiz de Fora, v. 3 n.2 (2000) 9-30.

BARCELLOS, José Carlos. *Literatura e espiritualidade*: uma leitura de *Jeunes Années*, de Julien Green. Bauru: Edusc, 2001.

BLANCH, Antonio. *El hombre imaginario*: una antropología literaria. Madri: PPC, 1995.

CHENU, Marie-Dominique. La littérature comme "lieu" de la théologie. *Revue des Sciences Philosophiques et Théologiques* 53 (1969) 70-80.

CONCÍLIO ECUMÊNICO VATICANO II. *Documentos do Vaticano II*: Constituições, Decretos e Declarações. Edição bilíngüe. Petrópolis: Vozes, 1966.

DUPLOYÉ, Pie. *La religion de Péguy*. Genebra: Slatkine Reprints, 1978.

GESCHÉ, Adolphe. "La théologie dans le temps de l'homme: littérature et révélation" in VERMEYLEN, Jacques (dir.). *Cultures et théologies en Europe*: jalons pour un dialogue. Paris: Cerf, 1995, p. 109-142.

JOSSUA, Jean-Pierre, METZ, Johann Baptist. Editorial: Teologia e literatura. *Concilium* 115,5 (1976) 3-5.

KRZYWON, Ernst Josef. Literaturwissenchaft und Theologie: Elemente einer hypothetischen Literaturtheologie. *Stimmen der Zeit* 192 (1974) 108-116.

KRZYWON, Ernst Josef. Literaturwissenchaft und Theologie: über literaturtheologische Kompetenz. *Stimmen der Zeit* 193 (1975) 199-204.

KUSCHEL, Karl-Josef. *Im Spiegel der Dichter*: Mensch, Gott und Jesus in der Literatur des 20. Jahrhunderts. Düsseldorf: Patmos Verlag, 1997.

KUSCHEL, Karl-Josef. *Os escritores e as Escrituras*: retratos teológico-poéticos. Trad. Paulo Astor Soethe et alii. São Paulo: Loyola, 1999.

MANZATTO, Antonio. *Teologia e literatura*: reflexão teológica a partir da antropologia contida nos romances de Jorge Amado. São Paulo: Loyola, 1994.

PÉCORA, Alcir. *Teatro do sacramento*: a unidade teológico-retórico-política dos sermões de Antônio Vieira. São Paulo/Campinas: Edusp/Edunicamp, 1994.

TOUTIN, Alberto. *Théologie et Littérature*. Jalons d'un partenariat possible: Pie Duployé et Karl-Josef Kuschel. Paris: Institut Catholique de Paris, 2005, 488 p. (Tese de Doutorado)

TEOLOGIA E ESTÉTICA

Cláudio Carvalhaes

A teologia, assim como toda disciplina ou conhecimento humano, é feita de fronteiras, de conexões, relações e correlações. Pois é a partir dessa interdisciplinaridade que a teologia deve ser vivida, pensada e trabalhada. Toda teologia nasce da vida e deveria ajudar a sustentar e prover a vida, dada e doada por Deus, com limites e horizontes de humanidade e justiça, beleza, graça e responsabilidade. Neste capítulo, vamos falar sobre as relações entre a teologia e a estética, mais especificamente a arte, e como essa relação acaba por rever as próprias definições de teologia, refazendo e estabelecendo novas formas de se pensar e de se viver.

Os campos da teologia e da estética são enormes, arraigados que estão no pensamento ocidental, abertos em suas infinitas referências e aportes, e plurais em suas possibilidades. Contudo, desde a estrutura da relação entre arte e religião estabelecida pelo filósofo Kant, não são muitos os teólogos que elaboraram a relação entre teologia e arte, muito embora todo teólogo acabe por estabelecer, implícita ou explicitamente, uma relação da teologia com a cultura. Toda relação entre teologia e estética e arte passa necessariamente pela interpretação da cultura.

Neste artigo, em vez de optar por um único teólogo que tratasse a relação entre teologia e estética, resolvi tratar o assunto da seguinte maneira: primeiro, estabeleço o pano de fundo filosófico que estrutura a relação entre religião e arte, para que assim possamos entender as referências que formaram e ainda formam essa relação no pensamento ocidental hoje e que pode ser vista tanto em teólogos europeus como Von Balthasar, Karl Barth ou Paul Tillich quanto em pensadores tupiniquins como Rubem Alves e Jaci Maraschin. Infelizmente não vou trabalhar com nenhum desses teólogos neste artigo, por falta de espaço. A segunda parte tenta estabelecer possíveis relações entre a teologia e arte, e a terceira e última esboça uma lista inicial de novos parceiros artísticos, para que possamos ampliar a relação entre arte e teologia no Brasil e abrir novos caminhos e fomentar novas práticas e teorias artístico-teológicas.

Religião e arte – um aporte filosófico

A história das relações entre arte e religião[122] no mundo ocidental é vasta demais para ser esmiuçada aqui.[123] O advento dos chamados discursos pós-moderno, pós-estruturalista e pós-colonialista desafiou a modernidade e suas estruturas, abrindo brechas, até então inexistentes, para os sistemas filosófico, religioso e teológico, e devemos estar atentos a seus movimentos e aos novos rumos apontados.

Autonomia, *auto-referencialidade*, auto-representação, auto-regulamentação, auto-intencionalidade, sublimidade, desinteresse, pureza, lógica e teologia própria são características marcantes da modernidade. Refletindo *A crítica da razão pura*, de Kant, as autonomias da razão pura, da razão prática e do julgamento estético jogaram a obra artística contra si mesma, ao excluir todo elemento externo que pudesse transcendê-la. A obra artística encontrou propósito, significado e beleza dentro do seu próprio território. Esta concentração da arte em si mesma e a exclusão de elementos externos libertaram o trabalho artístico de todas as limitações impostas pela necessidade de prestação de contas, do valor prático, do interesse, da relação e da situação envolvidos. Como resultado, a obra de arte se tornou um objeto em si mesmo, a famosa "arte pela arte" ou, nas palavras de Frank Stella, "o que você vê (numa obra de arte) é aquilo que você vê"[124]. Transformada num jogo de espelhos que sempre reflete a si mesmo, a obra de arte tornou-se sua própria referência e passou a se auto-representar e a se auto-regular, delineando as suas propriedades e transformando-se num fim em si mesmo (*endoteleologia*). A manutenção da sua pureza significou não permitir que outros elementos exteriores dela participassem, eliminando quaisquer diferenças e discursos estranhos, considerados contaminadores.

Desta forma, a arte moderna – leia-se "alta arte"[125] – não abriu espaço de diálogo com outras áreas do conhecimento, incluindo a religião. Na verdade, a religião em geral perdeu o seu posto de destaque com o alvorecer do Iluminismo, tornando-se altamente suspeita porque deliberadamente não se valia de conhecimento empírico. As luzes do Iluminismo tinham a função de eliminar o obscurantismo alimentado pela religião e seus conhecimentos *improváveis*. Assim, ao longo do tempo, a arte foi gradualmente substituindo a religião, como Hegel previra e Pámela R. Matthews e David McWhirter afirmaram: "O nascimento da estética é inseparável do afastamento do divino"[126]. O princípio estético retomou secularmente aquilo que antes eram predicados exclusivamente religiosos. A beleza substituiu a fé, a idéia de um Deus *a priori* virou a sensação de uma 'beleza natural'[127], e a noção do sublime, na obra de arte, tomou o espaço da noção religiosa de transcendência, desocupando o lugar antes destinado a um poder divino localizado num ente supremo. O discurso filosófico-estético secular estava assim consolidado sem a presença da religião.

Fazendo um enorme salto e chamando a nossa atenção para o advento do pós-modernismo e do pós-estruturalismo – em grande parte baseado na filosofia continental do século XX –, esses movimentos filosóficos reagirão contra os discursos monolíticos e excludentes da modernidade, em busca de temas que foram deixados de lado ao longo da história. Na sua tentativa de *desconstruir* o modernismo, a crítica pós-moderna não nega nem evita o moderno, mas, ao invés disso, parte de dentro das suas estruturas e fronteiras, como forma de se considerar a diferença, encontrar rachaduras no sistema e possibilidades que foram negadas pelos discursos retóricos da modernidade.

O que o conjunto dos estudos pós-modernos, pós-estruturalistas, pós-colonialistas, pós-feministas, raciais e de gênero, etc. tentam fazer é infiltrar-se nos discursos totalitários auto-referenciais e independentes para contaminá-los, desconstruí-los, expor os temas, tópicos, experiências, valores e formas que foram considerados "absurdos", *alteridades* que foram renegadas, esquecidas, postas de lado ou descartadas por essas estruturas. E isto é feito tanto dentro quanto fora dos limites das suas fronteiras, representações e normas; transgredindo os modos do conhecimento e da experiência já estabelecidos. Nesse vasto território, Hal Foster compila alguns dos temas pertinentes a essas críticas, e diz que a era pós-moderna

> *é uma era da morte do objeto (Baudrillard) ou da perda das narrativas mestras (Owens), afirmando que vivemos numa sociedade consumista que dificulta qualquer tentativa de oposição (Jameson) ou em meio a uma* mediocracia *que torna as humanidades inegavelmente marginais (Said). Essas noções não são apocalípticas: elas ressaltam desenvolvimentos desiguais e não novos dias que aguardam rupturas sem traumas. Talvez, então, o pós-modernismo seja mais bem definido como um conflito entre o modo novo e o velho, o cultural e o econômico, um não totalmente autônomo, o outro não totalmente determinado – bem como os interesses aí representados.*[128]

Contudo, e de modo intrigante, entre as *alteridades* mencionadas por esses críticos ausentes dos discursos ocidentais em geral, o tema da religião continuou fora das críticas feitas. Talvez, temerosos de que a religião dominante ou confessional pudesse tomar completamente essa área da estética, relativamente autônoma para seus próprios propósitos religiosos, esses discursos da crítica não incluíram a perspectiva do sagrado dentro das suas indefinidas fronteiras de estudo e de análise da modernidade. Se consultarmos o livro *Art Since 1900 – Modernism, Antimodernism and Postmodernism*, que acabou de ser editado por quatro dos mais importantes críticos de arte em atividade nos EUA – Hal Foster, Rosalind Krauss, Yve-Alain Bois e Benjamin H. D. Buchloh –, não encontraremos nada a respeito da importância da religião na relação com a arte. Ao contrário, analisando o papel da arte nessa virada de século, os autores argumentam que

> *dois tipos de ausências estruturam o campo da experiência estética no final do século vinte e começo do vinte e um. Um deles pode ser descrito como a ausência da própria realidade, como se esta se retirasse para além da miragem que é a tela da mídia, sugada pelo tubo de vácuo da televisão, perdida no meio dos manuais de programas de computador que ninguém lê com atenção... O outro tipo refere-se à invisibilidade dos pressupostos da linguagem e das instituições, uma ausência disfarçada por trás da qual o poder está em ação.*[129]

Na maioria das críticas sobre história da arte,[130] por medo talvez do conservadorismo quase inerente à religião, do proselitismo e de uma visão de mundo que só entende a vida a partir de suas próprias categorias, o religioso parece não estar "presente", mas, sim, ausente, renegado, como mero coadjuvante ou elemento pouco explorado. Foi Mark C. Talyor quem, criticando essa exclusão da religião no pensamento pós-estruturalista, cunhou o termo *altaridade*[131] – palavra que surge após o fim do pensamento moderno e significa *diferença* ou aquilo que é relativo ao outro. A expressão, por outro lado, está relacionada tanto ao termo *altar* quanto ao termo *aliter* (o outro), adicionando assim o aspecto religioso ou sagrado, contaminando e aferindo à alteridade pós-estruturalista uma perspectiva da ou sobre a religião: *altaridade*.

No outro extremo do binário arte-religião, o próprio campo religioso-teológico tornou-se extremamente reticente quanto às iniciativas artísticas, mantendo laços muito frágeis e duvidosos com a perspectiva estética. Para a religião, a arte sempre foi apenas uma ferramenta auxiliar na condução da fé e aquilo que lhe é apropriado e significativo: Deus. A arte era vista como meio de apropriação dos conteúdos teológicos, forma de reflexo e representação do divino. Da mesma maneira que a obra de arte modernista, mas com sinais trocados, o Deus recriado na modernidade tornou-se ainda mais auto-referente, *causa sui*, a *prima causa* de tudo, *normatizado* em si mesmo e mantendo influências externas a distância, sempre como resultado ou conseqüência. Juntamente às perspectivas teológicas que mantinham Deus num campo seguro do pensamento teológico, a religião institucionalizada tentou explicitamente manter a sua autonomia no campo estético. Bom exemplo é a criação de museus de arte sacra. Como os museus "seculares" não apresentavam a fé de maneira "apropriada", as igrejas e instituições religiosas criaram o seu próprio espaço para dialogar com a arte. O *Knights of Columbus Museum*, em New Haven, Connecticut, EUA e, acredito, o novo MOBIA – Museu de Arte Bíblica, o primeiro museu de arte e Bíblia ligado ao ambiente acadêmico em Nova York – são manifestações ainda recentes dessa contínua *introspecção* do movimento religioso. Estes museus trabalham com arte religiosa, uma espécie de arte que vai ao encontro, de uma forma ou outra, dos propósitos da fé, digamos, bem comportada, que se adapta aos conteúdos de suas confissões e credos, que não dialoga com nada que não esteja dentro do espectro da religião organizada. Para fazer a "prova dos nove" concernente à possível abertura de seus espaços também para a arte não religiosa, basta questionar se esses museus permitiriam exposições das obras de Mapplethorpe?! Muito provavelmente, não. Só alguns tipos de manifestações artísticas, experiências, crenças e verdades dogmáticas explicitamente confessionais puderam até hoje entrar em espaços religiosos ou litúrgicos. Betty Meyer nos dá um exemplo maravilhoso da tensão e, ao final, da ruptura entre as manifestações artísticas e o espaço religioso quando menciona a controvérsia entre a Igreja Luterana São Pedro de Nova York e a obra de Willem de Kooning.[132] Nessa disputa, os líderes que cuidavam das orientações litúrgico-teológicas da igreja não permitiram que um quadro desse famoso pintor fizesse parte de seu espaço litúrgico porque não correspondia ao que a igreja acreditava ser a manifestação de Deus.

Apesar de todo o cuidado para que essa autonomia fosse assegurada, esses dois segmentos do pensamento viram explodir centenas de outras possibilidades fora das suas delimitações e hoje correm o risco de viver entre a extremidade da complicação e a simplicidade da mediocridade. Quais são seus limites? Como habilitar a provocação artística ou religiosa para que haja a necessária expansão de seus campos?

Donald B. Marron, um curador famoso no meio das coleções de arte, descreve as dificuldades de se sobreviver no ambiente artístico: "É cada vez mais difícil categorizar os artistas, porque há uma gama muito grande de artistas para serem catalogados... os temas das escolas artísticas e a variedade de artistas é muito grande. A arte está na Europa, na América Latina, e o componente financeiro envolvido".[133] É mais um aspecto da complicação em que se meteram as artes plásticas. Mais ainda: além das artes plásticas, há também o teatro e as artes performáticas. Como são classificados? E como devemos relacioná-los com o religioso, sem imposições ou apropriações? Será isto possível? Será desejável? Quais as conseqüências que esta interação acarreta?

A confusão dentro do cenário religioso atual, por sua vez, pode ser explicitada pela tendência contemporânea para o fundamentalismo, o conservadorismo e o dogmatismo em várias partes do mundo. Nos EUA, por exemplo, a religião está enredada em guerras culturais e faz disso o eixo central da sua mídia e propaganda, tentando participar ativamente nos diversos segmentos da mídia como rádio, televisão, cinema, livros e internet. Esses movimentos, claramente, estabeleceram a agenda evangélica conservadora sobre e contra *outras* produções culturais, que são definidas como relativistas, *perversamente* "liberais" e antipatrióticas, entre outras coisas. Tentando conectar a mídia, a religião e a arte como desdobramentos do pensamento e da experiência unificados em torno de verdades religiosas que excluem tudo aquilo que não está em seu horizonte de verdade e fidelidade, essa assertiva tem se tornado confusa. Essa confusão é blindada por um discurso totalitarista simplista, que não aceita divergências. Aí, a arte tem espaço somente na medida em que serve à religião e seus líderes, o que nos faz compreender o porquê de os críticos de arte "seculares" nem sequer quererem considerar à religião como um elemento fundamental nas estruturas de pensamento da arte e da estética. No Brasil, esse preconceito com a religião também é notório entre os pensadores da arte.

Religião e arte – um aporte teológico

A relação entre religião e arte não se dá na mera busca da beleza, como se a beleza fosse um dado desreferencializado da *pólis*, da cultura, das políticas sociais, das questões de gênero, etc. A estética, que se encarrega da definição do que é belo, sempre tem referências, isto é, um lugar, i.e., posições políticas, de gênero, etc., em que o pensamento se encosta para criar suas formas e fazer valer suas práticas. A beleza pela beleza, ou o belo como dado interno, inefável e inexprimível, vai depender dos aportes artísticos que serão dados para o espectador e/ou participante, ou seja, as referências pelas quais ele deve se relacionar e que vão direcioná-lo a essa ou àquela forma e entendimento do belo. Por exemplo, se uma obra de arte é colocada na rua ou no museu, se a obra de arte torna o espectador um participante ou um *voyeur*, se essa obra de arte é financiada por essa ou aquela empresa (que tem suas próprias políticas), se ela fica na periferia das cidades ou se ela é exposta no Masp (Museu de Arte de São Paulo), se ela é considerada alta ou baixa arte, quem pode desfrutar dessa arte, etc. Todas essas questões estabelecem as formas e estruturas que definem como o belo deve ser entendido e experienciado. Toda noção de "belo" é uma visão de mundo carregada de referências que se relacionam de uma forma ou de outra com o pensamento ocidental do belo, como vimos acima.

Assim, hoje nós vivemos num mundo onde tudo pode ser arte. Nem tudo é arte mas tudo pode ser arte, dependendo dos critérios que se criam e desenvolvem. É com essa (não) definição de arte que as teologias podem trabalhar. Assim, a teologia não será somente uma funcionária de uma visão exclusivista de arte que só vê em pintores europeus ou em músicas eruditas o que é de mais "verdadeiro" no mundo da arte, mas poderá se mobilizar e tentar ver a arte em outros lugares e expressões, como grupos de hip hop, funk e mangue beat, nas cantoras cegas nordestinas, nos cordéis, nas pranteadoras, nas benzedeiras, nas parteiras do Amazonas, nas bordadeiras de São Paulo, nas festas juninas, em obras de arte feitas nas comunidades de bairro, nas emboladas, nos quilombos, nas tradições dos imigrantes, nos meninos de rua que brincam com suas bolinhas de tênis em frente aos carros, no samba de roda, e por aí vai. Tudo parece ter tanta beleza! Mas é preciso que teólogos, liturgistas e pensadores da religião vejam nessas manifestações a alma brasileira: nas coisas, na repetição e reinvenção da vida, nas formações culturais, na forma de sermos e não sermos brasileiros, com ou sem Deus explícito.

É dever da teologia, acredito, estabelecer relações com as artes no plural e ver aí como Deus se anuncia, aparece, some, ou nem mesmo é considerado. É preciso lutar contra cenários dualistas que criam enormes desafios para aqueles que, como nós, colaboram para complicar essa relação entre arte e religião. Como indicações pelo caminho, a título de provocação, gostaria de sugerir algumas trilhas:

1) a teologia deve ajudar a destacar a *diferença*, *alteridades*, o *outro*, o que foi deixado de fora do discurso religioso aceito até aqui. Ao apontar o que foi negado e renegado, demonizado ou proscrito como heresia, a teologia tornaria mais complexas as conjecturas dogmáticas simplistas que tendem a ser hierárquicas e enfadonhas. Este deve ser um esforço constante: o de tentar o tempo todo não se acomodar, ser cooptado ou sugado por um dos vários discursos normativos sobre Deus, fé, identidade, ética etc.;

2) é preciso ficar atento ao uso que se faz da noção de verdade. Jugen Habermas diz que precisamos aprender "a não negar o potencial da verdade das visões de mundo religiosas".[134] A verdade é um componente crucial para organizações, discursos e práticas religiosas. Contudo, toda noção de verdade que não é checada, discutida, desconstruída torna-se totalitária e triunfalista. As liturgias feministas, por exemplo, baseiam suas experiências numa noção de "verdade" discutível.[135] Como não permitir que qualquer noção de verdade permaneça incólume, sem ser questionada? Como seria possível construir uma perspectiva da religião com diversas "correntes de verdade"?[136];

3) problematizar a idéia de sagrado e de religião. Devemos encontrar maneiras de desenvolver a noção de sagrado como algo fugidio, que nos escapa e não pode ser totalmente dominado, compreendido, apropriado ou descrito. Como poderíamos criar uma idéia do que se percebe acerca do sagrado que rompa com a tendência "religiosa" de excluir e reduzir os seus sistemas a estruturas intocáveis que se repetem a si mesmas? Como formar um conceito de religião que seja dinâmico, que muito provavelmente enganará nossas noções teológicas, que nos perca em suas ambigüidades, ironias e paradoxos?;

4) O pensador francês Gilles Deleuze pode nos ajudar a cultivar uma teologia *rizotômica*[137], ou seja, que se expanda horizontalmente nas imanências diárias e cotidianas da vida, ao contrário de seus costumeiros tentáculos horizontais em busca do transcendente, do inefável, como algo muito acima e além de nós mesmos. Usando também o conceito de *dobradura*[138] para se entender o sagrado, a teologia deve manter sua capacidade de se movimentar sempre, de abrir e fechar seus pensamentos a partir da vida das pessoas com suas infinitas dobraduras e que nos afastem da dobradura final, estática, não mais dobrável do dogma, deixando a compreensão total do sagrado, da religião, aberta, parcial, também cortante, como infinitas possibilidades futuras. Essa idéia do sagrado busca responder à frase de Santo Agostinho: "Eu sei quem Deus é até você me perguntar";

5) é preciso que nós respeitemos as delimitações da arte para então desconstruirmos o que preciso for. Nesse processo, devemos perguntar como a arte é definida, manifestada, experimentada, referenciada, representada, apresentada e mimetizada;

6) temos também de nos perguntar como ela *performatiza* (a representação ritualística, litúrgica, performática) aquilo que nos falta, que ansiamos, ou aspiramos. O que fez dessa arte, arte para esse grupo de pessoas? Possuem essas produções artísticas algo de religioso? Como o vazio, o desabitado, os precipícios, as imperfeições e as fissuras podem se transformar em elementos religioso-seculares na obra de arte?;

7) a teologia deve acompanhar as musas da criatividade e da pluralidade? Como disse Jean-Luc Nancy em seu livro *The Muses*: "Os nomes das Musas vêm da raiz que indica ardor, a geniosa tensão que se precipita em impaciência, desejo ou raiva, o tipo de tensão que arde por conhecer e fazer. Numa versão mais amena, fala-se dos 'movimentos do espírito'. A musa anima, evoca, excita, traz à tona. Ela preocupa-se menos com a forma do que com a força. Ou, mais precisamente, ela se ocupa violentamente com a forma. Mas essa força emerge no plural..."[139]

A partir dessa série mínima de referências, de ausências não permitidas, no meio de confusão de intenções, com um "amor apaixonado pelo desconhecido" (John Caputo) e uma necessidade desesperada de confiabilidade e inclusão, acredito que a teologia brasileira, atenta a tantas manifestações artísticas espalhadas pelo mundo, pode caminhar no sentido da descoberta de Deus e de novas formas de engajamento, expansão, contaminação e rupturas entre essas fascinantes áreas da teologia e da arte.

Teologia e arte - novos parceiros

O índice de parceiros da teologia sempre foi escasso. Ela sempre conversou com seus próprios cúmplices. A teologia da libertação abriu novos horizontes de diálogos e hoje é preciso que a teologia se engaje com outros parceiros se ela quiser ser relevante na criação e transformação da vida das pessoas. Nesta última parte do artigo, vou sugerir outros companheiros de caminhada, alguns dos quais já foram alvo de diálogo com outros teólogos e teólogas. Essa lista não tem intenção de ser conclusiva, mas, simplesmente, um começo para que outros e tantos outros nomes sejam adicionados e feitos parceiros na relação teologia e arte feita nas "trilhas do Reino de Deus."[140]

Poesia

Nenhuma teologia deveria ser feita sem poesia e todo olhar teológico sobre o mundo deveria ser poético. Porque a poesia, assim como a teologia, é também uma fala do que não dá para ser falado. Os brasileiros Carlos Drummond de Andrade, Mário Quintana, Adélia Prado, Cecília Meirelles, Manuel Bandeira, Glauco Matoso, Olavo Bilac, Ferreira Gullar, Vinicius de Moraes, todos eles deveriam ser leitura obrigatória em todo seminário. Conversando com eles, e com tantos outros estrangeiros (Fernando Pessoa!) é possível estabelecer uma relação fascinante entre teologia e arte e criar uma nova poética no Espírito Santo, por exemplo.

Cinema

O cinema brasileiro é riquíssimo em sua leitura do Brasil. Um olhar mais pausado sobre os filmes brasileiros pode ser uma luminária nas questões sistemáticas da teologia: cristologia, eclesiologia, pecado e escatologia. Desde a chanchada, o Cinema Novo, o Udigrudi, até os recentes filmes que vão delineando a história e a cultura brasileiras. Junto com os filmes, os curtas e os documentários precisam ser alvo de um olhar pausado da teologia brasileira.

Teatro

Nomes já consagrados do teatro brasileiro como Zé Celso, Gerald Thomas e Antunes Filho, que há anos retratam a vida do país em suas mais diversas e agudas formas, servem de insumo e material para se pensar a performatização da vida brasileira e das formas como criamos nossas liturgias. O *Teatro da Vertigem*, por exemplo, criou uma trilogia que mistura religião, teologia, ideologia, política e crítica social. Eles fazem uma interpretação cáustica do livro de Jó que mereceria um diálogo com teólogos e biblistas.

Música

Essa forma de arte já tem recebido muitos estudos e atenção por parte de teólogos e teólogas.[141] É preciso resgatar autores, intérpretes, letristas e músicos como parceiros da teologia. Se quisermos entender Deus, a vida e o mundo em nosso país, é preciso ouvirmos os cantores e tocadores do nosso país, de Carlos Gomes e Heitor Villa-Lobos aos índios brasileiros, do samba ao rock. Nesse panteão de parceiros, é preciso chamar a atenção para Chico Buarque. Esse cantor, compositor, letrista, poeta e escritor talvez seja uma das mais fascinantes portas de entrada na recente história do Brasil. Ele também pode ser visto como um dos melhores tradutores da alma brasileira. Para mim, não é possível fazer teologia brasileira sem Chico Buarque de Hollanda.

Lendas e histórias infantis

O Brasil tem um depositário de histórias, lendas e folclore riquíssimo e cabe a nós, teólogos e teólogas brasileiros, fazer teologia a partir de nossas histórias, lendas, superstições e tradições. É preciso ler Mário de Andrade, Monteiro Lobato, Luis da Câmara Cascudo e tantos outros para recompor as lendas brasileiras nas histórias a serem contadas nas Escolas Dominicais, nos seminários, nas reuniões de oração, nas conversas teológicas, junto com as histórias bíblicas.

Festas, carnavais e folias

Da mesma forma que o folclore brasileiro precisa ser companheiro de partilha no fazer teológico, as festas, folias e carnavais que acontecem ao redor do país também deveriam ser assunto nos novos compêndios de teologia. Elas todas trazem uma fundura religiosa que precisa ser celebrada e pensada, não só pela antropologia, mas pela teologia também. O Círio de Nazaré em Belém do Pará, as festas de São João, as Folias do Divino, o Boi-Bumbá de Parintins, as festas de San Genaro e da Achiropita, em todas a alma brasileira, e a partir de centenas de milhares de festas ao redor do Brasil o povo se organiza, se refaz, se anima e renova as forças. Festas em que a religião e a arte se misturam intensamente. Além das festas, as romarias, as festas de Santos, o dia de Padre Cícero e tantas mais formas de religião e arte formam o jeito de ser e de tentar ser dos brasileiros. E as tantas formas de carnavais brasileiros. Pois vejamos Joãozinho Trinta, nosso maior folião e tradutor de nós mesmos. Uma das mentes mais criativas de nosso país, ele é um ícone daquilo que o Brasil é e pode ser. Foi ele quem disse que pobre gosta de luxo, e quem gosta de pobreza é intelectual. Contudo, ele sempre trabalhou no meio dos pobres. Entender os jeitos de Criar de Joãozinho Trinta é entender as possibilidades de se criar vida no Brasil. Por fim, festas, romarias, folias e carnavais, todos esses eventos são assuntos candentes e fundamentais da teologia.

Pintura

É possível se entender o Brasil por seus pintores. Portinari, Di Cavalcanti, Manabu Mabe, Lygia Clarke, Iberê de Camargo, Lasar Segal, Leonilson e tantos outros nos fizeram "ver" como fomos, somos e seríamos. Entre tantos, sugiro dois pintores fundamentais na relação entre religião e arte: Aleijadinho e Bispo do Rosário. Estes dois pintores retratam a história do país em suas vertentes religiosas, políticas, de saúde física e mental e nos ajudam a ver como que a graça labiríntica de Deus pode atuar na vida de indivíduos e, ao mesmo tempo, de todo o país.

Literatura

Entre tantos nomes formidáveis na literatura brasileira, vou ressaltar somente os de Machado de Assis, Guimarães Rosa, Clarice Lispector e Nelson Rodrigues. Estes escritores tornaram-se parada obrigatória para se conhecer não só o jeito de ser brasileiro, mas a vida de uma forma geral. Se a teologia é uma fala de Deus no meio da vida, então não há como não ouvir a voz de Deus falada na vida descrita e inventada destes e de tantos outros escritores brasileiros.

Futebol

Paixão nacional e fonte de significação na vida de tanta gente em nosso país, é preciso vermos o futebol como uma forma de nos descrever. Através desse esporte, podemos entender nossa postura política, nossa morbidez diante de tantas falcatruas, nosso deleite pelas performances do corpo, nossa comunhão e ódio com o próximo, nosso violento machismo, as injustas estruturas de divisão de renda e tanto mais. Garrincha, Pelé, Rivelino, Sócrates e Ronaldos são ícones de muitos dos melhores momentos da vida de nosso país.

E a teologia precisa aprender a jogar futebol, senão ela não existirá neste nosso país de chuteiras e injustiças sociais!

Em todos essas divisões da arte, fica difícil ser honesto com tanto talento produzido em nosso país. Da mesma forma, muitas outras formas de arte não foram lembradas aqui. Por isso, quero com esse artigo somente pontuar nomes para que o leitor acrescente os seus preferidos e tente assim estabelecer novas relações entre a teologia e a arte.

Conclusão

A relação entre teologia e arte e estética precisa crescer ainda mais. Nossas vozes religiosas devem aprender a falar com uma tonalidade secular para poder dialogar sem discriminar, interagir sem subjugar. Pois nem a arte está a serviço da teologia e nem a teologia está a serviço da arte. Ambas precisam se desafiar e se refazer, se abençoar e se transgredir.

Se a relação entre a teologia e arte entender, assim como nos ensinava nosso poeta Carlos Drummond de Andrade, que todo pensamento é carregado de sentimento, então o que nos motivará nesse caminho será a "idéia-sentimento" que ele falava e que tentava abarcar toda a vastidão do mundo com nossas mãos. Tarefa impossível com certeza, mas que busca entender a vida de forma integradora, interconectada, feita de relações, redes e tramas.

Com a arte, a teologia aprende a imaginar e voar por lugares por onde ela nunca se permitiu. Com a teologia, a arte aprende que o elemento religioso é fundante na história brasileira e que é melhor dar as boas vindas a uma teologia que se sabe não soberana em nenhum sentido, do que negar e esconder a força da religião na cultura brasileira. A teologia e arte em processos conjuntos podem desafiar, diminuir a e mesmo reverter processos de violência que vão aumentando por todas as partes em nossa sociedade, visto que ambas podem procurar pluralidade, beleza, justiça e uma vida, quem sabe, melhor de ser vivida.

Assim, a arte e a teologia se relacionam para continuadamente se refazerem e se desfazerem. A partir de suas particularidades e conhecimentos próprios, cada forma de conhecimento influi na relação, uma ajudando e complicando e desafiando a outra, para que assim, em suas ampliações diversas, novas práticas comunitárias e definições teóricas possam ser alcançadas.

TEOLOGIA E FESTA

Elsa Tamez[142]

Hoje em dia pouco se fala de compromisso. Temos pouco tempo para nos dedicarmos ao ócio, à festa, à oração, à poesia. Por essa razão aceitei com bom grado participar deste evento[143] e falar sobre o significado teológico da festa pensando no contexto eucarístico: cálice, pão e vinho. Sendo assim, escreverei sobre todo o simbolismo que nos chega ao coração quando escutamos as palavras: pão e vinho.

A festa como uma experiência sagrada

Há alguns anos escrevi um poema para a Assembléia Constitutiva do conselho Latino-Americano de Igrejas (Clai) que se realizou em Lima, Peru, no ano de 1982. O poema se chama *Convite ao compromisso*. Fala dos preparativos de uma festa que inclui fazer um pão enorme, com muito vinho, como nas bodas de Caná da Galiléia, para celebrar a Ceia do Senhor, o compromisso com o Reino de Deus. Trata-se de uma festa na qual ninguém ficará com fome. O poema foi musicado com dois tipos de música, uma brasileira e outra argentina, e na verdade escuta-se música quando lemos o poema. O poema diz assim:

Venham!
Celebremos a Ceia do Senhor
Façamos todos juntos um enorme pão
E prepararemos muito vinho
Como nas bodas de Caná
Que as mulheres não esqueçam o sal
Que os homens tragam o fermento
Que venham muitos convidados:
Crianças, cegos, surdos, coxos, presos, pobres.
Pronto!
Sigamos a receita do Senhor.
Batamos todos juntos a massa com as mãos

E contemplemos com alegria como cresce o pão
Porque hoje celebramos a Ceia do Senhor
Hoje renovamos nosso compromisso com o Reino
Ninguém ficará com fome

Inspirada nesse poema eu preparei esta conferência. Refiro-me à festa como uma experiência religiosa. Escreverei sobre a preparação, a experiência divina reinante entre os convidados, o compromisso solidário e o ato litúrgico implícito, presente em uma festa carregada de *eros, filos e ágape*.

1. A preparação

A festa não se inicia quando os convidados começam a comer e a música começa a tocar. A festa começa desde o momento em que se decide fazê-la. A preparação já é parte da festa. O que fazer para comer? Quais serão as mãos que trabalharão? Aonde vamos preparar? Que música vai tocar? Quem serão os convidados? Desde o momento que se concebe a festa tem muita coisa para ser feita, há muito movimento na cabeça, no coração, nos pés e nas mãos. Não importa o cansaço, tudo o que queremos quando preparamos uma festa é que os convidados sintam-se bem, felizes, alegres. Saboreiem a comida, a bebida, se abracem, dancem e não pensem nas coisas tristes. O que queremos no fundo, inconscientemente, é que se detenham por um momento o sofrimento, os assassinatos, a violência, a exploração, as preocupações e que todos sejam felizes, o céu vem para a terra. Que ninguém fique com fome nem triste.

O poema inicia com a preparação para a Ceia do Senhor, que é como uma festa. Primeiro concebe-se a comida, o que se vai comer. Porque a comida é o centro da vida. A comida e a bebida convocam a família, os amantes, os amigos e até os inimigos para selar os pactos da paz. Diz o livro do Êxodo (24.1-11) que quando Moisés, Arão, Nadabe, Abiu e os setenta anciãos de Israel subiram ao encontro com Deus para ratificar a aliança, no final comeram e beberam.

A convocação para uma festa como essa acontece antes de qualquer plano. Por isso o poema começa convidando: "Venham! Celebremos a Ceia do Senhor." Uma festa é mais bonita quando todos participam da preparação. No poema pensa-se com prazer no que se vai fazer: "um pão enorme". Significa afirmar que é uma comida abundante, que dê para todos e todas, nosso desejo é que dê para todos e ainda sobre. Na multiplicação dos pães há abundância e sobra. Nessa festa especial não se manda as mulheres para a cozinha para que elas preparem toda a comida, ao contrário, todos participam, compartilhando e batendo o pão, pondo o ingrediente exato: no ponto, gostoso, para todos os paladares, como fazendo uma comida para os deuses, seguindo uma receita santa. Compartilhando os segredos de todas as receitas. Porque a Ceia do Senhor é a receita de Deus. "Que as mulheres não esqueçam o sal, que os homens tragam o fermento. Façamos um enorme pão e batamos todos juntos a massa com as mãos. Pronto, sigamos a receita do Senhor"; enquanto isso, as crianças brincam e enchem os balões.

As festas que mais nos satisfazem são aquelas nas quais todos compartilham, todos colaboram, todos comem e Deus também coloca a sua parte: nos dá a vida, nos dá alegria, o vinho é o símbolo da alegria, e Jesus nos oferece muito vinho, vinho bom, como o que Ele preparou nas bodas de Caná. Quando todos e todas compartilham e colaboram, Deus faz crescer o pão. "Vejamos com alegria como cresce o pão!" Por isso dizemos que o reino de Deus é um presente. Essa é a participação de Deus nas festas: fazer milagres, de pão e de vinho, de amizade e de alegria.

Julio de Santa Ana[144] escreve sobre pão, vinho e amizade como elementos que sempre estão juntos e que se concretizam nas comunidades do cristianismo primitivo quando seguem o exemplo de fraternidade, sempre presente na vida do Nazareno.

Na festa do Senhor não existem pessoas marginalizadas, que não convidadas. Ao contrário, convida-se primeiro todo o bairro de Deus, os seus preferidos, os pobres, as crianças, os cegos, os surdos, os coxos, os leprosos, os anciãos, os imigrantes marginalizados, os enfermos com câncer ou Aids e que não possuem seguro saúde. Eles são os convidados da primeira fila, porque são os famintos eternos, os que morrem antes do tempo. Nessa festa, os que sempre se fartaram de comida sentam-se ao lado dos que sempre passaram fome e não sentem nojo destes, e os famintos não sentem vergonha de sentar-se à mesma mesa ao lado daqueles, nem sentem ressentimentos. A música da festa afoga qualquer passado maldito.

2. A experiência divina da festa

Quando sentimos que baixamos o céu à terra, a experiência torna-se sagrada. A experiência humana e divina se funde. Não existem fronteiras para distinguir o divino do humano. A experiência divina se faz humana e a humana, divina. Isso ocorre nas festas boas. Não existe diferença, porque Deus se faz presente no partir e compartir todo o pão. Muitas vezes os estudiosos têm rejeitado as alegorias. Porém eu creio que as alegorias expressam também o que os textos, polissêmicos, querem dizer. O Cântico dos Cânticos fala de uma imensa paixão entre dois amantes, porém por que não ver também a imensa paixão de Deus pela gente e da gente por Deus, como faziam os antigos escritores cristãos? O problema acontece quando queremos ver só o aspecto divino, rejeitando o aspecto humano, ou vice-versa. Esquecemos que nas emoções intensas ultrapassamos as fronteiras ou estas se transbordam ou se desdobram.

Por exemplo: por muito tempo escutei que havia três tipos de amor: o eros, o filos e o ágape. O eros era o amor dos amantes, o amor erótico; o filos era o dos amigos, da família; e o ágape, o amor de entrega total e incondicional para o bem do outro. Este último era o amor de Deus e do cristão. Mais tarde me dei conta que as fronteiras entre os termos não eram tão nítidas como pareciam. É verdade que nas palavras gregas existe algo particular que as distingue entre si, no entanto, também podemos constatar que muitas vezes misturam-se os diferentes "amores". Muitas vezes existe amor de eros para Deus ou filos e ágape para a amante.

Em Provérbios 7. 18, a Septuaginta utiliza filos e eros para o amor de um amante. O sábio recomenda a seu discípulo que tenha cuidado com certas mulheres, sobretudo quando uma delas o convida e lhe diz:

> *Vem, embriaguemo-nos com as delícias do amor (filias), até pela manhã; gozemos amores (eroti).*

Neste texto os termos filos e eros aparecem como sinônimos. Filos é amigo, filias, amizade, porém às vezes esquecemos que filos pode significar amante e filia, um amor erótico. De fato, quando no idioma espanhol dizemos: este é meu amigo, e damos certa entonação, pode subentender-se que se trata de um amigo muito especial, um namorado.

Por outro lado, quando Justino fala de seu amor pelos profetas e amigos de Cristo, utiliza a palavra eros: trata-se de um interesse apaixonado. O mesmo ocorre com Inácio de Antioquia quando escreve a sua carta aos Romanos e sabe que morrerá em breve. Assim escreve:

> *É na plenitude da vida (eros) que exprimo meu desejo ardente de morrer. Minhas paixões (eros) foram crucificadas, não há em mim fogo para amar a matéria. Não há senão a "água viva" que murmura dentro de mim e me diz: Vem para o Pai!*[145]

Inácio tem paixão (pathos) por Deus. Segue sua carta:

> *Permiti-me que imite a paixão do meu Deus! Se alguém o possui em si mesmo compreenda o que desejo e compadeça-se de mim, considerando o que me impulsiona.*[146]

Inácio de Antioquia, bispo da Igreja, condenado às bestas do circo romano, entrega-se pela paixão por seu Deus. Naqueles momentos, nos umbrais da morte, ele quer o "pão de Deus", que é a carne de Jesus Cristo, da raça de Davi, e a bebida do seu sangue, que é o amor incorruptível.[147]

O amor ágape é o que mais conhecemos, é o amor cristão por excelência. Porém, ainda assim esse também é um amor de entrega incondicional entre os amantes. A palavra ágape aparece em muitas partes no Cântico dos Cânticos. Ele é ágape, ela é ágape. A Sulamita do Cântico dos Cânticos leva o seu amado para casa, lhe dá de beber de seu vinho, que é ela mesma, e pede, por favor, às moças de Jerusalém que não despertem o amor, ágape, até que ele queira. Este amor ardente é ágape e é tão forte como a morte, é labareda divina e as águas não podem apagar, assim diz o sábio no Cântico dos Cânticos 8. 6-7.

Como vemos, as fronteiras das definições estritas se entrecruzam: o desejo ardente, a sensualidade, a ternura e o amor incondicional podem formar parte de uma só experiência. Essa experiência é divina. Por isso afirmo que a festa boa é ou pode ser uma experiência sagrada, em que se afirma o humano, e ao fazê-lo, a divindade se faz presente como o primeiro comensal.

Ágape era o nome que se dava à refeição comunitária na igreja primitiva. Chama-se a festa do amor. Os crentes se reuniam para alimentar-se, nutrir-se e também para expressar o amor que tinham entre si. Celebrava-se a festa com grande alegria e todos preparavam as refeições e as traziam para compartilhar naquele momento especial. Celebrar a festa do amor é uma maneira de dar graças a Deus pela vida, pelo alimento e pela alegria; por isso os cristãos chamam eucaristia (ação de graças) a Ceia do Senhor, que deve ser uma festa.

A transgressão semântica é realmente prazerosa. Gramaticalmente permite-se amar pessoas e ter fome de alimentos. Porém, quando passamos para o nível da festa do amor, já não existem regras gramaticais que delimitem as fronteiras. Tem-se fome de pão e fome de Deus, sede de um amante e sede de uma bebida. Para os poetas, é comum transgredir as regras da gramática.

Para os poetas, é comum transgredir as regras gramaticais. Pablo Neruda escreveu um poema que se chama: *Sed de ti que me acosa em las noches hambrientas.*

> *Sed de ti, sed de ti, guirnalda atroz y dulce.*
> *Sed de ti que en las noches me muerde como un perro.*
> *Los ojos tienen sed, para qué están tus ojos.*
> *La boca tiene sed, para qué están tus besos.*
> *El alma está encendida de estas brasas que te aman.*
> *El cuerpo incendio vivo que ha de quemar tu cuerpo.*
> *De sed. Sed infinita. Sed que busca tu sed.*
> *Y en ella se aniquila como el agua en el fuego*

Nesse poema podemos ver de maneira muito clara as ressonâncias do livro sagrado Cântico dos Cânticos: as maçãs te beijam e os beijos te comem. É melhor que o vinho o amor de Sulamita. Neruda pensa em uma mulher amada e a experimenta como divina. O aspecto lírico do Cântico dos Cânticos descreve também uma mulher amada e provavelmente também o amor de Deus e a Deus. Foi assim que por muito tempo a interpretação alegórica do Cântico dos Cânticos entendeu essa relação.

Nosso poeta e bispo Pedro Casaldáliga também escreveu um poema que se chama *Hambre de ti*. Refere-se a Jesus Cristo.

> *Hambre de Ti nos quema, Muerto vivo,*
> *Cordero degollado en pie de Pascua.*
> *Sin alas y sin áloes testigos,*
> *somos llamados a palpar tus llagas.*
> *En todos los recodos del camino*
> *nos sobrarán Tus pies para besarlas.*
> *Tantos sepulcros por doquier, vacíos*
> *de compasión, sellados de amenazas.*
> *Callados, a su entrada, los amigos,*
> *con miedo del poder o de la nada.*
> *Pero nos quema aun tu hambre, Cristo,*
> *y en Ti podremos encender el alba*

Pablo Neruda tem outro poema que se chama *Tengo hambre de tu boca*.

> *Tengo hambre de tu boca, de tu voz, de tu pelo*
> *Y por las calles voy sin nutrirme, callado,*
> *No me sostiene el pan, el alba me desquicia,*
> *Busco el sonido líquido de tus pies en el día...*
> *Quiero comer la sombra fugaz de tus pestañas...*
> *Y hambriento vengo y voy olfateando el crepúsculo*
> *Buscándote, buscando tu corazón caliente*

Novamente ecos do Cântico dos Cânticos ressoam neste poema, nos faz recordar a Sulamita debaixo da macieira, que é seu amado, comendo de seus frutos deliciosos[148]. Ou ainda ao pastor de açucenas, bebendo vinho no umbigo de sua amada, o umbigo que é uma taça redonda onde não falta bebida[149].

Perdemos em nossas igrejas essa vertente bíblica tão rica, na qual se afirma a vida, dom de Deus! Vida concreta, corporal e sensual. Descer o céu à terra é ver, é provar um pouquinho do banquete escatológico prometido.

3. Compromisso

Provavelmente algumas pessoas estão pensando: escrever desta forma não é arriscado? Será que não estamos dando as costas aos grandes desafios da América Latina e do Caribe? A festa, o cruzamento das fronteiras corporais e sensuais, vitais e espirituais podem deixar transparecer que não há espaço para os acontecimentos cotidianos da miséria, do desemprego, da violência e da indiferença. Não é assim. Essa forma de pensar está errada. A vida se vive plenamente, tanto nos momentos de dor quanto nos momentos de festa. É no meio dos sofrimentos que se afirma a vida em sua plenitude, e é festejando que se afirma a esperança naqueles tempos em que as lágrimas deixarão de derramar-se. Neste tempo presente, o da festa, nós podemos olhar para trás, resgatar a memória, recuperando as experiências de resgate da vida, de libertação: é a *anamesis*. Também caminhamos para a frente com a nossa memória e nos alegramos antecipadamente com a vida eterna que um dia virá: é a *prolepsis*.

Quando se vive em tempos muito difíceis, como os que são descritos no Eclesiastes, nos quais o passado está esgotado e o futuro está fechado porque tudo é vaidade e nada há de novo debaixo do sol, então vivem-se com maior intensidade os tempos da festa boa, justamente para enfrentar a morte. É a *mesis* (fio central no lirismo primitivo). A fé em que tudo tem seu tempo e sua hora, seu *kronos* e seu *kairos*, permite celebrar a festa no hoje miserável. No primeiro mês em que o Iraque foi invadido, debaixo de uma chuva de bombas, os iraquianos jogavam futebol. A televisão francesa falava de surrealismo, nós, do terceiro mundo, falamos de luta pela vida, afirmando-a através da brincadeira, do jogo e da festa.

O livro de Eclesiastes é muito claro nesse assunto. No meio de uma profunda frustração, afirma seis vezes através de um refrão: "Não há nada melhor que comer pão, beber vinho e desfrutar a vida que Deus nos dá em meio ao trabalho que nos escraviza". Assim ele descreve:

> *Vai, pois, come com alegria o teu pão e bebe gostosamente o teu vinho, pois Deus já de antemão se agrada das tuas obras. Em todo tempo sejam alvas as tuas vestes, e jamais falte o óleo sobre a tua cabeça. Goza a vida com a mulher que amas, todos os dias da tua vida fugaz, os quais Deus te deu debaixo do sol; porque esta é a tua porção nesta vida pelo trabalho com que de afadigas debaixo do sol.*[150]

Essa é a sabedoria popular que os intelectuais devem aprender dos pobres. Os pobres sabem desfrutar a vida, sabem fazer festa e compartilhar, mesmo no meio de uma realidade miserável e violenta.

Conclusão

Abordamos a Ceia do Senhor também como uma festa, uma festa como um espaço humano, em que, no entanto, se sente a presença divina. Vimos o cruzamento de fronteiras, humano-divinas, espiritual-material. Pois bem, em meio a esta celebração está também o compromisso solidário inter-humano: um compromisso que é com os pobres, ao mesmo tempo com a humanidade e ao mesmo tempo com Deus. Teologicamente, isso está presente na Eucaristia ou Ceia do Senhor. Celebrar a eucaristia é celebrar a Páscoa. Na tradição judaico-cristã, quando se celebra a Páscoa recordam-se duas coisas importantíssimas. A libertação da escravidão do Egito e o anúncio da chegada do Messias. Para os cristãos, é celebrar o banquete, é recordar as bodas do cordeiro imolado. Na Santa Ceia recordamos esses dois eventos, ambos de libertação. Ânsias e esperança de libertação.

Porém, nesse mesmo ato, recordamos outros momentos: o assassinato injusto de um crucificado, o amor de Deus ao nos mostrar sua justiça na ressurreição e o perdão de Deus por nossa cumplicidade no pecado. Ao redor do pão e do vinho, reconhecemos nossa capacidade de matar o irmão, pois vemos a morte diante de nós no pão e no cálice, porque também simbolizam ou são o corpo e o sangue de Cristo. Isso é bom para frear nossos ímpetos humanos homicidas. Porém nesse ato também escutamos o anúncio da reconciliação como o ato mais formoso da humanidade, aquele sonho no qual todos voltarão a ser irmãos e irmãs, como expressa Beethoven em sua Nona sinfonia, seu Canto de Alegria. O canto à alegria é por essa irmandade sonhada. Em cada festa eucarística oramos para que esse sonho se realize.

A vida inteira é uma festa, por isso a festa é como uma experiência sagrada. Pão e vinho nunca estão sozinhos, existe o trabalho anterior, a preparação, e o posterior, a esperança escatológica de uma melhor vida para todos. Pablo Neruda assim se expressa: "A mercadoria que compõe o material para a construção de uma sociedade humana é o pão, a verdade, o vinho e os sonhos". São palavras ditas em 1971, na Suécia, quando o poeta pronunciou seu discurso por ocasião da entrega do Prêmio Nobel de Literatura e referiu-se ao compromisso do poeta:

> Y si el poeta llega a alcanzar esa sencilla conciencia, podrá también la sencilla conciencia convertirse en parte de una colosal artesanía, de una construcción simple o complicada, que es la construcción de la sociedad, la transformación de las condiciones que rodean al [ser humano] hombre, la entrega de la mercadería:
> pan, verdad, vino, sueños.

Uma das passagens bíblicas mais lindas para mim é aquela do Apocalipse na qual o Senhor diz que está à porta chamando e se alguém, uma mulher, um homem, abrir a porta da casa, Ele entra e ceia com ele ou com ela. Entra para cear. Ninguém dá atenção a isso, os pregadores só afirmam que Ele entra no coração das pessoas para salvá-las. Porém, o texto diz que Ele entra para cear, fazer uma refeição, ser um dos comensais da família, da comunidade ou da humanidade. A Ceia do Senhor, a Eucaristia, deveria ser mais que beber o cálice e comer o pão, deveria ser também cear com Ele. Recordemo-nos que os discípulos foram capazes de reconhecê-LO somente no partir do pão. Nossos caminhos eternos de Emaús, cheios de frustrações e derrotas diante de um sistema econômico poderoso e deploravelmente bélico, nos pedem que convidemos a Jesus para cear, para que nos nutra de esperança e de alegria.

NOTAS

[1] MAZZAROLO, Isidoro. *Gênesis 1-11, e assim tudo começou*. Rio de Janeiro: Mazzarolo editor, 2003, pp. 60-61.

[2] MAZZAROLO, Isidoro. *Gênesis 1-11, e assim tudo começou*. Rio de Janeiro: Mazzarolo editor, 2003, pp. 49-120.

[3] HEATH, Th., L. *Greek astronomy*. New York: Dover Publications, 1991, p. xvii.

[4] MAZZAROLO, I. *Gênesis 1-11*, p. 131-32.

[5] MILLIKAN, R. A. "A Direct Photoeletric Determination of Plank's "h", in: *Physical Review VII*, 1916, p. 355.

[6] Cf. BAUER, W. *Wórterbuch zum Neuen Testament*. Berlin: de Gruyter, 1971.

[7] MAZZAROLO, I. Paulo de Tarso, tópicos de antropologia bíblica, p. 31, citando CORSEN, P., *Über Begriff und Wesen des Hellenismus*, p. 83.

[8] ALBUQUERQUE, C. R. C. de. *Além da oração a prece da física*. Macaé: Pentagrama, 2005,109.

[9] CAPRA, Fritjof. *As conexões ocultas, ciência para uma vida sustentável*. São Paulo: Cultrix, 2002, p. 66.

[10] MAZZAROLO, I. *Gênesis 1-11, e assim tudo começou*. Rio de Janeiro: Mazzarolo editor, 2003, pp. 227-237.

[11] Cf. MAZZAROLO, I. *Gênesis 1-11, e assim tudo começou*. Rio de Janeiro: Mazzarolo editor, 2003, p. 235.

[12] CAPRA, F. *As conexões ocultas, ciências para uma vida sustentável*. Rio de Janeiro: Cultrix, 2002, pp. 201-234. Nessas páginas, o autor condena os projetos macabros de controle econômico, de globalização e de militarização nociva ao mundo, prejudicial à ecologia, à sustentabilidade e à paz, especialmente movidos pelo imperialismo norte-americano.

[13] CAPRA, F. *A teia da vida*. São Paulo: Cultrix, 1996, p. 41.

[14] G. GUTIÉRREZ, *Teología de la liberación*. CEP: Lima, 1971.

[15] Na vertente dos pobres encontra-se também o martírio como "a forma mais perfeita da encarnação na realidade latino-americana, como a mais perfeita, porque a forma política da santidade enquanto início do martírio presente pelo Reino de Deus e pela humanidade. Thomas Beckett morreu junto ao altar em Cantuária, porque defendeu os direitos da Igreja. Oscar Romero morreu junto ao altar em El Salvador, porque ele defendeu os direitos dos pobres": J. Moltmann, Die Theologie unserer Befreiung, in *Orientierung 60* (16 oktober 1996), n. 19, p 205.

[16] J. Moltmann, art. cit., p. 206.

[17] Cl. Boff. Re-partir da realidade ou da experiência da fé? Propostas para a CELAM de Aparecida, in *REB 67* (2007), n. 265, p. 6.

[18] Cl. Boff, art. cit., pp. 9-10.

[19] J. Sobrino. Que queda de la teología de la liberación, in *Éxodo 38* (1997, abril), pp. 48-53.

[20] H. Vaz. Igreja-reflexo vs Igreja-fonte, in *Cadernos Brasileiros*, n. 46, março-abril, 1968.

[21] A CEPAL – Comisión Económica para América Latina y el Caribe, das Naciones Unidas, com sede em Santiago de Chile – produziu estudos críticos à ideologia desenvolvimentista. Sobressaiu a obra: F. H. Cardoso – E. Faletto: *Dependência e desenvolvimento na América Latina*: ensaio de interpretação sociológica. Rio de Janeiro: Zahar, 1970. O conceito de libertação em oposição à dependência encontra aí sua raiz.

[22] P. FREIRE. Pedagogia do Oprimido. Rio: Paz e Terra, 2a. ed., 1975; H. Cl. de Lima Vaz, A Igreja e o problema da "Conscientização", in: Vozes 62 (1968), p. 483-493.

[23] J. COMBLIN. *A ideologia da segurança nacional*: o poder militar na América Latina. Rio de Janeiro: Civilização Brasileira, 1978.

[24] J. B. METZ. Problema de uma teologia política e a determinação da Igreja como instituição de liberdade crítico-social, in *Concilium*, n. 6, 36, p. 5-20, jun. 1968. Outro teólogo alemão, J. Moltmann, recupera categorias proféticas para a função crítica da teologia. Com a teologia da esperança, oferece fundamentos para a ação cristã solidária na sociedade da abundância: J. MOLTMANN. *Teologia da esperança*. São Paulo: Herder, 1971. Nem faltou a teologia da revolução que ofereceu arsenal estratégico para justificar ações revolucionárias. E. Feil – R. Weth, Diskussion zur "Theologie der Revolution". Munique: Kaiserverlag, 1969.

[25] G. GUTÍERREZ. *Teologia da libertação*. Perspectivas. São Paulo: Loyola, 2000, p. 71.

[26] J. L. SEGUNDO. *Libertação da teologia*. São Paulo: Loyola, 1978.

[27] Cl. Boff. *Teologia e prática*: teologia do político e suas mediações. Petrópolis: Vozes, 1978.

[28] J. X. HERRERO. Habermas: Teoria Crítica da Sociedade, in *Síntese. Revista de Filosofia 6* (1979), n. 15, p. 15.

[29] Em nível mais simples e didático, elaborei um roteiro para adentrar na metodologia e natureza da TdL. Teologia da libertação. *Roteiro didático para um estudo*. São Paulo: Loyola, 1987; trad. esp. Santander: Sal Terrae, 1989. Há também excelente livro: J.-J. TAMAYO-ACOSTA. *Para comprender la teología de la liberación*. Estella: Verbo Divino, 1989. Em linguagem popular, existem pequenos livros: CL. BOFF – L. BOFF. *Como fazer Teologia da Libertação*. Petrópolis: Vozes, 1986; F. CATÃO. *O que é teologia da libertação*. São Paulo: Brasiliense, 1985.

[30] A Editora Vozes lançou em português, a partir de 1985, a coleção Teologia e Libertação, que pretendia cobrir todos os tratados teológicos na perspectiva latino-americana. Numa primeira etapa previam-se 50 volumes. Muitas dificuldades com instâncias eclesiásticas, que a submeteram à prévia aprovação de uma comissão especial de bispos, diminuíram-lhe o ritmo de lançamentos. Já foram publicados cerca de 30 volumes, sendo alguns deles traduzidos em diversas línguas.

[31] J. SOBRINO. Qué queda de la teología de la liberación? in *Exodo* 1997, n. 38, p. 50.

[32] Congregação para a Doutrina da Fé, Notificação sobre as obras do P. Jon Sobrino S.I.: Jesucristo liberador. Lectura histórico-teológica de Jesús de Nazaret (Madrid, 1991) y La fe en Jesucristo. Ensayo desde las víctimas (San Salvador, 1999), in < http://www.vatican.va/roman_curia/congregations/cfaith/documents/rc_con_cfaith_doc_20061126_notification-sobrino_po.html > disponível em 3 de maio de 2007.

[33] Congregação para a Doutrina da Fé, Instrução sobre Alguns Aspectos da Teologia da Libertação. São Paulo: Loyola, 1984. Como reação a tal documento, ver: J. L. SEGUNDO. *Teologia da libertação*: uma advertência à Igreja. São Paulo: Paulinas, 1987.

[34] Congregação para a Doutrina da Fé, Instrução sobre a Liberdade Cristã e a Libertação. São Paulo: Loyola, 1986.

[35] JOÃO PAULO II. *Mensagem aos Bispos do Brasil*. São Paulo: Paulinas 1986, n. 5.

[36] J. MOLTMANN. *Teologia da esperança*. São Paulo: Herder, 1971.

[37] H. MARCUSE. *Das Ende der Utopie*. Berlim: Peter von Maikowski, 1967; trad. bras., Rio: Paz e Terra, 1969.

[38] J.-CL. GUILLEBAUD. *La force de conviction*: à quoi pouvons-nous croire? Paris: Seuil, 2005, p. 221.

[39] F. FUKUYAMA. O fim da história e o último homem. Rio: Rocco, 1992.

[40] J. SOBRINO. *A fé em Jesus Cristo*: ensaio a partir das vítimas. Petrópolis: Vozes, 2000.

[41] G. GUTIÉRREZ. *A força histórica dos pobres*. Petrópolis: Vozes, 1981.

[42] H. ASSMANN, Por uma teologia humanamente saudável. Fragmentos de memória pessoal, in L. C. Susin, *O mar se abriu*. Trinta anos de teologia na América Latina. São Paulo: Loyola/Soter, 2000, p. 121.

[43] M. DE FRANÇA MIRANDA. *Inculturação da Fé*. Uma Abordagem Teológica. São Paulo: Loyola: 2001, p. 110.

[44] F. TEIXEIRA. A interpelação do diálogo inter-religioso para a teologia. In: SUSIN, Luiz Carlos (Org.) *Sarça ardente*: teologia na América Latina – prospectivas. São Paulo: Paulinas/Soter, 2000, p. 415-434.

⁴⁵ O IBGE publicou os dados do Censo 2000. A. Antoniazzi comenta que "os principais resultados, relativos à questão ´religião`, que foram ressaltados nas manchetes dos jornais do dia 9 (maio de 2002), são três: 1) a diminuição da porcentagem dos católicos, de 83,8% em 1991 para 73,8% em 2000; em números absolutos, os católicos aumentaram no mesmo período de 121,8 milhões (1991) para 125 milhões (2000); 2) o aumento da porcentagem de evangélicos, de 9,05% (1991) para 15,45% (2000); em números absolutos, de 13 para 26 milhões; 3) o aumento dos que se declaram sem religião, que passam de 4,8% da população (1991) para 7,3% (2000), ou de 7 para 12,3 milhões" : A. Antoniazzi, As religiões no Brasil, segundo o Censo de 2000, in *Jornal de Opinião* 13 (2002), n. 678, p. 6; ver também do mesmo autor: *Por que o panorama religioso no Brasil mudou tanto*. São Paulo: Paulus, 2004.

⁴⁶ Embora os evangélicos continuem crescendo, recente pesquisa, realizada pela FGV e divulgada em maio de 2007, modifica levemente o quadro. A perda anual de católicos, que se registrou desde 1991 até 2000, cessou no período entre 2000-2003, no qual a taxa de católicos oscilou simplesmente entre 73,89% e 73,79% da população, permanecendo praticamente estável.

⁴⁷ L. BOFF. *Ecologia*: Grito da terra, Grito dos pobres. São Paulo: Ática, 1995.

⁴⁸ P. A. NOGUEIRA BAPTISTA. Diálogo e ecologia. A teologia teoantropocósmica de Leonardo Boff. Juiz de Fora, Universidade Federal de Juiz de Fora, 2001. Dissertação de Mestrado.

⁴⁹ Entre outros: H. R. MATURANA – F. J. VARELA. *A árvore do conhecimento*: as bases biológicas da compreensão humana. São Paulo: Palas Athena, 2001.

⁵⁰ L. BOFF. *A Voz do Arco-íris*. Brasília: Letraviva, 2000.

⁵¹ L. BOFF. *Ecologia, mundialização, espiritualidade*. A emergência de um novo paradigma. São Paulo: Ática, 1993, p. 15.

⁵² L. BOFF. *Ecologia, mundialização, espiritualidade...* p. 15.

⁵³ L. BOFF. *A Voz do Arco-íris...* p. 79.

⁵⁴ Citamos acima a Notificação.

⁵⁵ Congregação para a Doutrina da Fé, Instrução sobre a Vocação Eclesial do Teólogo. São Paulo: Paulinas, 1990.

⁵⁶ Ver a minha obra: *Os Carismas na Igreja do Terceiro Milênio*. São Paulo: Loyola, 2007.

⁵⁷ G. GUTIÉRREZ. *Beber no Próprio Poço*. Itinerário Espiritual de um Povo. Petrópolis: Vozes, 1984; L. BOFF, - FREI BETTO, *Mística e espiritualidade*. Rio de Janeiro: Rocco, 1994; P. CASALDÁLIGA - J. M. VIGIL, *Espiritualidade da libertação*. Petrópolis: Vozes, 1993; F. L. C. TEIXEIRA, *Espiritualidade do seguimento*. São Paulo: Paulinas, 1994.

⁵⁸ F. TABORDA. *Sacramentos, práxis e festa*. Para uma teologia latino-americana dos sacramentos. Petrópolis: Vozes, 1987.

⁵⁹ FREI BETTO. *Fome de pão e de beleza*. São Paulo: Siciliano, 1990.

⁶⁰ G. GUTIÉRREZ. *A verdade vos libertará*: confrontos. São Paulo: Loyola, 2000, p. 24.

⁶¹ G. GUTIÉRREZ. *A força histórica dos pobres*. Petrópolis: Vozes, 1981, p. 111.

⁶² G. GUTIÉRREZ. *A verdade...* p. 24.

⁶³ F. CARRASQUILLA M. *La otra riqueza*. Medellín: Prensa Creativa, 1997.

⁶⁴ L. BOFF. *Jesus Cristo Libertador*. Ensaio de Cristologia Crítica para o Nosso Tempo. Petrópolis: Vozes, 1972, p. 57-60.

⁶⁵ V. I. BOMBONATTO. *Seguimento de Jesus*: uma abordagem segundo a cristologia de Jon Sobrino. São Paulo: Paulinas, 2002, p. 27.

⁶⁶ *Ibid*.

⁶⁷ Para uma informação sobre o Encontros Intereclesiais ver: F. L. COUTO TEIXEIRA. *Os encontros intereclesiais de Cebs no Brasil*. São Paulo: Paulinas, 1996.

⁶⁸ P. A. Ribeiro de Oliveira, CEB: Unidade estruturante de Igreja, in: CL. BOFF, I. LESBAUPIN ET ALII, *As Comunidades de base em questão*. São Paulo: Paulinas, 1997, p.121-175.

[69] Cl. BOFF. Re-partir da realidade ou da experiência da fé? Propostas para a CELAM de Aparecida, in *REB 67* (2007), n. 265, p. 6s.

[70] J.-CL. GUILLEBAUD. *A tirania do prazer.* Rio de Janeiro: Bertrand Brasil, 1999.

[71] Citado por: J. Sobrino, Que queda...Exodo 38 (abril 1997), Madrid, p. 48.

[72] PPCIR/UFRJ. E também pesquisador do CNPQ.

[73] Pontifício Conselho para o Diálogo Inter-Religioso. *Diálogo e anúncio.* Petrópolis: Vozes, 1991, n. 9 (Siglado como DA no texto).

[74] *Ibidem, n. 41.*

[75] HANS KÜNG. O islamismo: rupturas históricas – desafios hodiernos. *Concilium,* v. 313, n. 5, 2005, p. 104.

[76] Hans-Georg GADAMER. Da palavra ao conceito. In: Custódio Luís Silva de ALMEIDA et al. *Hermenêutica filosófica.* Nas trilhas de Hans-Georg Gadamer. Porto Alegre: Edipucrs, 2000, pp. 23 e 26.

[77] Comissão Consultiva Teológica da Federação das Conferências de Bispos Asiáticos (FABC). Teses sobre o diálogo inter-religioso. *Sedoc,* v. 33, n. 281, julho-agosto de 2000, p. 61.

[78] David TRACY. *Pluralid y ambigüedad.* Madrid: Trotta, 1997, pp. 142-143.

[79] Raimon PANIKKAR. *Entre Dieu et le cosmos.* Paris: Albin Michel, 1998, p. 74.

[80] Id. Religion (Dialogo intrarreligioso). In: Casiano FLORISTAN & Juan José TAMAYO (Eds). *Conceptos fundamentales del cristianismo.* Madrid: Trotta, 1993, p. 1149.

[81] Claude GEFFRÉ. A crise da identidade cristã na era do pluralismo religioso. *Concilium,* v. 311, n. 3, 2005, p. 21.

[82] Peter BERGER & Thomas LUCKMANN. *Modernidade, pluralismo e crise de sentido.* Petrópolis: Vozes, 2004, p. 71.

[83] Secretariado para os não-cristãos. *A Igreja e as outras religiões.* São Paulo: Paulinas, 2001, n. 29 (Diálogo e Missão). Siglado no texto como DM.

[84] Mas uma unidade que é "inédita" e que integra e reconhece a diversidade legítima das várias igrejas cristãs, levando a uma "diversidade reconciliada".

[85] CLAUDE GEFFRÉ. *De babel à pentecôte.* Essais de théologie interreligieuse. Paris: Cerf, 2006, p. 109 e tb pp. 135-136; Paul KNITTER. *Una terra molte religioni.* Assisi: Cittadella Editrice, 1998, pp. 71-74.

[86] Heinz Robert SCHLETTE. *Die Religionen als Thema der Theologe.* Fribourg: Herder, 1963 (com tradução brasileira: *As religiões como tema da teologia.* São Paulo: Herder, 1969).

[87] Vladimìr BOUBLÌK. *Teologia delle religioni.* Roma: Editrice Studium, 1973.

[88] Claude GEFFRÉ. A teologia das religiões: um novo capítulo da teologia. In: Faustino TEIXEIRA (Org). *O diálogo inter-religioso como afirmação da vida.* São Paulo: Paulinas, 1997, p. 116. Para Geffré, a teologia das religiões tende cada vez mais a situar-se como uma teologia do pluralismo religioso "que se interroga sobre o significado desta pluralidade de tradições religiosas no âmbito do desígnio de Deus, e que se pergunta se, para além das intenções subjetivas dos homens de boa vontade, as grandes religiões do mundo não apresentam em sua historicidade concreta uma relação positiva com o Absoluto": Claude GEFFRÉ. Verso una nuova teologia delle religioni. In: Rosino GIBELLINI (Ed.). *Prospettive teologiche per il XXi secolo.* Brescia: Queriniana, 2003, p. 356.

[89] Jacques DUPUIS. *Verso una teologia cristiana del pluralismo religioso.* Brescia: Queriniana,1997 (Com tradução brasileira: *Rumo a uma teologia cristã do pluralismo religioso.* São Paulo: Paulinas, 1999).

[90] Jacques DUPUIS. *Il cristianesimo e le religioni.* Brescia: Queriniana, 2001, p. 34.

[91] Id. *Verso una teologia...,* p. 34; Jean-Claude BASSET. *Le dialogue interreligieux.* Paris: Cerf, 1996, p. 412.

[92] Claude GEFFRÉ. *Croire et interpréter.* Le tournant herméneutique de la thélogie. Paris: Cerf, 2001, p. 17.

[93] Jacques DUPUIS. *Il cristianesimo e le religioni,* p. 34

94 Bernard SESBOÜE. *Hors de l'Église pas de salut.* Histoire d'une formule et problèmes d'interprétation. Paris: Desclée de Brouwer, 2004, p. 355.

95 Karl BARTH. L'Epistola ai romani. 2 ed. Milano: Feltrinelli, 1993, pp. 14-15.

96 Karl BARTH. *Dogmática ecclesiale.* Bologna, EDB, 1980, pp. 47-50 (Antologia a cura di Helmut Gollwitzer).

97 Jean DANIÉLOU. *Sobre o mistério da história.* São Paulo: Herder, 1964, p. 106.

98 Karl RAHNER. Cristianesimo e religioni non cristiane. In: *Saggi di antropologia soprannaturali.* Roma: Paoline, 1965, pp. 562-563.

99 Karl RAHNER. La chiesa, le chiese e le religioni. In: *Nuovi saggi III.* Roma: Paoline, 1969, p. 451.

100 Jacques DUPUIS. *O cristianismo e as religiões.* São Paulo: Loyola, 2004, p. 212.

101 Esta perspectiva será posteriormente questionada pelo papa Paulo VI, na exortação apostólica *Evangelii nuntiandi,* de 1975, que inverte as considerações feitas por Schlette: a Igreja vem sublinhada como "via ordinária" de salvação e as outras religiões "vias extraordinárias" (EN 80).

102 Heinz Robert SCHLETTE. *As religiões como tema da teologia,* pp. 67-70 e 91.

103 Paul TILLICH. Il significato della storia delle religioni per il teologo sistematico. In: _____. *Il futuro delle religioni.* Brescia: Queriniana, 1970, p. 118.

104 Paul TILLICH. *Teologia sistemática.* 5 ed. São Leopoldo: EST/Sinodal, 2005, p. 593.

105 Id. *Le christianisme e les religions.* Paris: Aubier, 1968, p. 1968.

106 Jacques DUPUIS. *O cristianismo e as religiões.* São Paulo: Loyola, 2004, p. 180.

107 Ibidem, pp. 318-321.

108 Ibidem, p. 213.

109 Claude GEFFRÉ. *De babel à pentecôte.* Essais de théologie interreligieuse. Paris: Cerf, 2006, p. 117.

110 Ibidem, p. 137.

111 John HICK. *Teologia cristã e pluralismo religioso.* São Paulo: Attar, 2005, p. 47.

112 Ibidem, pp. 90-91. Este conceito de Real tem certa familiaridade com a concepção de "deidade" (*gotheit*) de Mestre Eckhart, do "Deus" como ser transbordante, do Deus "para além de Deus", do Deus em si, que é distinto do Deus nas criaturas, do Deus "livre de todos os nomes e despido de todas as formas". Cf. Mestre ECKHART. *Sermões alemães.* Petrópolis: Vozes, 2006, pp. 50, 54 e 289 (Sermões, 2, 3 e 52). É também sugestiva a imagem, tomada do capadócio Gregório de Nissa, que distingue a essência divina escondida e suas energias manifestas no mundo. Deus em si é invisível por natureza, sua visibilidade manifesta-se nas energias que dele se desdobram.

113 John HICK. *Teologia cristã e pluralismo religioso,* p. 55.

114 Roger HAIGHT. Jesus, símbolo de Deus. São Paulo: Paulinas, 2003.

115 Ibidem, p. 460.

116 Christian DUQUOC. *L'unique Christ.* La symphonie différée. Paris: Cerf, 2002, p. 239.

117 Roger HAIGHT. *Jesus, símbolo de Deus,* pp. 464.

118 Ibidem, p. 479.

119 Paul TILLICH. *Le christianisme e les religions,* p. 133.

120 Thomas MERTON. *Novas sementes de contemplação.* 2 ed. Rio de Janeiro: Fissus, 2001, p. 10.

121 Raimon PANIKKAR. *La nuova innocenza 3.* Sotto il Monte: Servitium, 1996, p, 156.

122 O conceito de religião empregado aqui refere-se principalmente ao Cristianismo em suas variadas manifestações, e em alguns momentos ao Judaísmo.

123 No entanto, alguns aspectos podem ser destacados. Sou devedor ao trabalho de Mark C. Taylor, um dos pensadores atuais mais profícuos no que diz respeito à relação entre religião, arte, cultura e filosofia. No Brasil, Jaci C. Maraschin, filósofo e pensador da religião tem desenvolvido essa relação. Veja principalmente seu livro *A (im)possibilidade da Expressão do Sagrado.* Emblema: São Paulo, 2004.

[124] Frank Stella, citado em Terry Gross. *All I Did Was Ask. Conversations with Writers, Actors, Musicians and Artists.* Nova York: Hyperion, 2004, p. 255.

[125] O desenvolvimento histórico da estética kantiana diferenciou a obra de arte em alta arte e baixa arte. Em linhas gerais, a alta arte era aquela à qual não se atribuía valor, interesse prático ou propósitos utilitaristas; servia apenas para ser apreciada. A baixa arte, por outro lado, era aquela destinada ao mercado, ao lucro, a um propósito e carregava significados e intenções externas a ela mesma.

[126] Pamela R. Matthews and David McWhirter (eds), *Aesthetic Subjects* Minneapolis, Univ. of Minnesota Press, 2003, p. xviii.

[127] George SANTAYANA. *The Sense of Beauty. Being the Outline of Aesthetic Theory.* Nova York: Dover Publications, Inc, 1955.

[128] Hal Foster (ed). *The Anti-Aesthetic. Essays on Postmodern Culture.* Nova York: The New Press, 1998, p. xii.

[129] Hal Foster, Rosalind Krauss, Yve-Alain Bois, and Benjamin H. D. Buchloh, *Art Since 1900 Modernism, Antimodernism and Postmodernism*, Nova York, Thames & Hudson, 2004, p. 48.

[130] Por exemplo, a influente revista de crítica de arte *October* nunca abre espaço para o tema da religião.

[131] Mark C. Taylor, *Altarity.* Chicago: The Univ. of Chicago Press, 1987.

[132] Betty H. Meyer. *The ARC Story. A Narrative Account of the Society for the Arts, Religion and Contemporary Culture.* Nova York: ARC e CrossCurrents Press, 2003, pp. 85-87.

[133] "An Interview with Donald B. Marron", in Ann Temkin, *Contemporary Voices. Works from the UBS ART Collection.* New York: The Museum of Modern Art, 2005, p. 19.

[134] JURGEN HABERMAS. Os secularizados não devem negar potencial de verdade a visões de mundo religiosas, in *Folha de S. Paulo on line. 05/24/2005.*

[135] JANET R. WALTON. *Feminist Liturgies. A Matter of Truth.* Collegeville, Minneapolis: The Liturgical Press, 2000.

[136] CATHERINE KELLER. *The Face of the Deep. A Theology of Becoming.* Londres, Nova York: Routledge, 2003.

[137] Conceito usado por Gilles Deleuze.

[138] Conceito usado por Gilles Deleuze.

[139] Jean-Luc Nancy, *The Muses,* Meridian Crossing Aesthetics, Stanford, California, Stanford University Press, 1996, p. 1.

[140] Julio de Santa Ana, *Pelas Trilhas do Mundo – A Caminho do Reino.* (São Paulo: Imprensa Metodista, 1985).

[141] Veja *Teologia e MPB* de Carlos Eduardo B. Calvani publicado pela editora Loyola.

[142] Tradução de Luiz Longuini Neto.

[143] Esta palestra foi apresentada no Fórum Internacional de Teologia Contemporânea, FITEC, realizado em Mendes, RJ, Brasil, de 26 a 30 de julho de 2005, cujo tema foi: O amor que se faz comunhão no corpo, a esperança que se faz alegria no copo e a fé que se faz martírio na cruz. Promovido pelo Instituto Mysterium.

[144] SANTA ANA, Julio. *Pão, Vinho e Amizade – Meditações,* RJ. CEDI, 1986.

[145] GOMES. C. Folch. *Antologia dos Santos Padres.* Paulinas, 1973, pg. 38.

[146] Ibid.

[147] Ibid.

[148] Cântico dos Cânticos 2.3

[149] Cântico dos Cânticos 7.2.

[150] Eclesiastes. 9. 7-9.

SOBRE OS AUTORES

Carlos Alberto Chaves Fernandes – Graduado em Teologia pelo Seminário Teológico Batista do Sul do Brasil, especialista em Ciências da Religião pelo Seminário Bíblico Latino-americano (Costa Rica) e estudou Filosofia na UFRJ. Lecionou Teologia no Seminário Metodista César Dacorso Filho (Rio de Janeiro), Ética e Filosofia do Direito nas Faculdades Metodista Bennett (Rio de Janeiro), além de Teologia no NT, Teologia Contemporânea, História da Teologia e Liturgia no Seminário Teológico Presbiteriano do Rio de Janeiro. Autor de artigos editados pela *Revista Teológica dos Seminários Presbiteriano do Rio e Presbiteriano do Sul* (Campinas), além de artigos disponíveis em sites pela internet. Exerce hoje a função de secretário do Instituto Mysterium, da co-edição desta coleção com a Mauad e é organizador do Fórum Internacional de Teologia.

Cláudio Carvalhaes – Doutor em Filosofia pelo Seminário União de Nova York, professor de Liturgia, Teologia e Arte no Seminário Teológico Presbiteriano de Louisville, KT, nos Estados Unidos. Para contato acesse seu sítio na internet: www.claudiocarvalhaes.com

Edson Fernando de Almeida – Graduado em Teologia – Seminário Presbiteriano do Sul (1985), em Psicologia – Pontifícia Universidade Católica do Rio de Janeiro (1993), mestre em Teologia pela Pontifícia Universidade Católica do Rio de Janeiro (1998) e doutor em Teologia pela Pontifícia Universidade Católica do Rio de Janeiro (2002). Atualmente é professor no Centro Universitário Metodista Bennett, professor no Seminário Teológico Batista do Sul do Brasil e professor no curso de pós-graduação em Psicologia Hospitar da Universidade Veiga de Almeida. Desenvolve também trabalho de capelania no IPPMG-UFRJ. É membro do grupo de trabalho Religião, Cultura e Sociedade da Universidade Iguaçu. Tem experiência na área de Teologia, atuando principalmente nos seguintes temas: saúde e religiosidade.

Elsa Tamez – Doutorada em Teologia pela Universidade de Lausanne (Suíça), licenciada em Teologia pelo Seminário Bíblico Latino-americano (Costa Rica) e em Literatura e Lingüística pela Universidade Nacional da Costa Rica. Professora na Faculdade de Teologia da Universidade Nacional do mesmo país, integra, ainda, a equipe de investigação do DEI (Departamento Ecumênico de Investigação) e da Asset (Associação Ecumênica de Teólogos do Terceiro

Mundo). É autora de várias publicações traduzidas para o português, tais como *Vida Para Todos, a justificação pela fé em Paulo; A Bíblia dos Oprimidos; A Carta de Tiago, numa leitura latino-americana,* além de vários artigos para a *Ribla* (Revista de Interpretação Bíblica Latino-Americana) e *Cadernos Bíblicos*. É mexicana, mora em San José (Costa Rica).

Faustino Luiz Couto Teixeira – Graduado em Ciência das Religiões pela Universidade Federal de Juiz de Fora (1977), em Filosofia pela Universidade Federal de Juiz de Fora (1977), mestre em Teologia pela Pontifícia Universidade Católica do Rio de Janeiro (1982), doutor e pós-doutor em Teologia pela Pontifícia Universidade Gregoriana (1985 e 1998). Atualmente é professor Associado I da Universidade Federal de Juiz de Fora. O seu campo de atuação acadêmica e de pesquisa relaciona-se aos temas da teologia das religiões, diálogo inter-religioso e mística comparada.

Isidoro Mazzarolo – Graduado em Teologia pela Pontifícia Universidade Católica do RS (1980), mestre em Exegese do Antigo Testamento – Pontifício Instituto Bíblico de Roma (1986) e doutor em Textos seletos dos evangelhos sinóticos pela Pontifícia Universidade Católica - Rio (1992). Pós-doutor pela École Biblique et Archéologique de Jerusalém (Israel). Atualmente é professor horista da Faculdade Salesiana de Macaé, professor do Instituto Filosófico e Teológico Paulo VI, (Nova Iguaçu, RJ), professor horista do Instituto Teológico Franciscano (Petrópolis/RJ), professor convidado da Escola Redemptoris Mater/Macaé (RJ), professor assistente da Pontifícia Universidade Católica - Rio, professor convidado da Escola Superior de Teologia e Esp. Franciscana (Porto Alegre/RS), professor convidado do Instituto de Formação de Agentes de Pastoral (Nova Friburgo/RJ) e professor adjunto da Universidade Santa Úrsula (RJ). Tem experiência na área de Teologia, com ênfase em Exegese Bíblica, atuando principalmente nos seguintes temas: anúncio, pregação, boa nova, conversão, bíblia e multimídia, formação cristã, educação religiosa, bíblia, evangelhos sinóticos, exegese de textos joaninos, Apocalipse, Qumram, arqueologia e geografia da Palestina e Oriente Médio; história de Israel, história da Grécia, teologia de Paulo, relação do judaísmo e helenismo; helenismo e cristianismo e introdução à bíblia. Phd em ciências bíblicas pela École Biblique et Archéologique de Jerusalém. Professor de exegese bíblica na PUC-Rio. E-mail: mazzarolo@ig.com.br

João Batista Libanio – Jesuíta brasileiro, nasceu em 1932. Licenciado em Teologia em Frankfurt (Alemanha) e doutor pela Universidade Gregoriana de Roma. Há mais de três décadas vem se dedicando ao magistério e à pesquisa teológica. Foi membro fundador da Equipe de Teologia da CRB-Nacional e o primeiro presidente da Sociedade de Teologia e Ciências da Religião. Além de conferencista muito apreciado, é assessor teológico freqüentemente solicitado. Depois de ter lecionado na PUC-Rio, PUC-MG, Cristo-Rei em São Leopoldo, atualmente é professor no Centro de Estudos Superiores da Companhia de Jesus em Belo Horizonte. Como trabalho pastoral permanente, é vigário paroquial na Paróquia Nossa Senhora de Lourdes, na cidade de Vespasiano (Grande Belo Horizonte). Publicou mais de noventa livros, entre os de autoria própria (36) e em colaboração (56), e centenas de artigos em revistas nacionais e estrangeiras.

Jonas Neves Rezende – Professor de Sociologia na Faculdade Brasileira de Ciências Jurídicas, onde atualmente está vinculado à Coordenação do Curso de Direito. Foi professor na Universidade Veiga de Almeida. Formado em Teologia, Filosofia e Direito, Jonas participa de vários programas de rádio e trabalhou mais de 30 anos na TV Educativa do Rio de Janeiro. Publicou mais de 20 livros: entre eles, *Barcarola – A morte sem charme nem disfarces*, *A Família Maldita*, *Dores que nos transformam* (este, em co-autoria com Edson Fernando), *Salmos para o Coração* e *Salmos para o Espírito*.

José Carlos Barcellos – Graduado em Bacharelado em Letras (Português) pela Universidade de São Paulo (1982), em Bacharelado em Teologia pela Pontifícia Universidade Católica do Rio de Janeiro (1993), em Licenciatura em Letras (Português) pela Universidade de São Paulo (1984), mestre em Teologia Sistemático Pastoral pela Pontifícia Universidade Católica do Rio de Janeiro (1996), doutor em Letras (Literatura Portuguesa) pela Universidade de São Paulo (1991), doutor em Teologia Sistemático Pastoral pela Pontifícia Universidade Católica do Rio de Janeiro (2000) e pós-doutor pela Universidade Estadual Paulista Júlio de Mesquita Filho (2001). Atualmente é professor associado da Universidade Federal Fluminense e professor adjunto da Universidade do Estado do Rio de Janeiro. Tem experiência na área de Letras, com ênfase em Outras Literaturas Vernáculas. Atua principalmente nos seguintes temas: Literatura e Teologia, Autobiografia, Julien Green.

Luiz Longuini Neto – Graduado em Filosofia pela Faculdade Salesiana de Filosofia, Ciências e Letras de Lorena (1987), em Teologia pelo Seminário Presbiteriano do Sul (1980), mestre em Teologia e Ciências da Religião pelo Instituto Ecumênico de Pós-graduação em Teologia (1990), doutor em Ciências da Religião pela Universitat Hamburg e Universidade Metodista de São Paulo (1997). Atualmente é professor titular no Seminário Teológico Batista do Sul do Brasil, professor auxiliar na Faculdade Moraes Junior e professor na Pós-graduação da Universidade Cândido Mendes.

Ricardo Quadros Gouvêa – Fez cursos selecionados de graduação na Universidade de São Paulo (1986), graduação em Bacharelado em Teologia - Seminário Presbiteriano do Norte (1991), graduação em Licenciatura em Letras (português/inglês) pela Faculdade Olindense de Formação de Professores (1992), fez cursos no Mestrado em Filosofia - Villanova University, Mestrado em Teologia Sistemática - Westminster Theological Seminary (1994), faz Doutorado em Filosofia pela Universidade de São Paulo e Doutorado em Estudos Históricos e Teológicos - Westminster Theological Seminary (1998). Atualmente é professor visitante - Seminário Teológico Servo de Cristo da América do Sul, da Universidade Federal de Juiz de Fora, e é professor adjunto da Universidade Presbiteriana Mackenzie, atuando no programa de pós-graduação do Centro de Ciências Sociais e Aplicadas, onde faz pesquisa na área de Valores Organizacionais e ministra cursos na área de Epistemologia e Filosofia da Ciência. Tem experiência nas áreas de Filosofia, Ciências da Religião, Teologia e Letras, com ênfase em História da Filosofia e História da Teologia, atuando principalmente nos seguintes temas: Kierkegaard, existencialismo, filosofia medieval, história da metafísica, ética, epistemologia, filosofia da ciência, filosofia da religião, João Calvino, Agostinho, história do cristianismo, teologia contemporânea e história das religiões.

CARACTERÍSTICAS DESTE LIVRO:
Formato: 14 x 21 cm
Mancha: 10,5 x 17,5 cm
Tipologia: Times New Roman 9,5/12,5
Papel: Ofsete 75g/m² (miolo)
Cartão Supremo 250g/m² (capa)
Impressão: Sermograf
1ª edição: 2007

*Para saber mais sobre nossos títulos e autores,
visite o nosso site:*
www.mauad.com.br